ABSOLUTE BEGINNERS'

BUSINESS
French

MARTYN BIRD & HELENE LEWIS

Series editor: Marianne Howarth

Hodder & Stoughton
A MEMBER OF THE HODDER HEADLINE GROUP

Acknowledgements

The authors and publishers would like to thank the following for permission to use material in this book:

Plan Eliophot – Aix en Provence for the map on p. 46; Peugeot, Citroën, Ford, Renault and Volvo for the logos on p. 61.

British Library Cataloguing in Publication Data

Absolute Beginners' Business French. –
Coursebook. – (Absolute Beginners'
Business Language Series)
  I. Bird, Martyn   II. Lewis, Hélène
  III. Series
  448.3

ISBN 0 340 59146 3

First published 1993
Impression number. 10 9 8 7 6 5 4 3
Year   1998 1997 1996 1995

Copyright © 1993 Martyn Bird and Hélène Lewis

Typeset by Wearset, Bolden, Tyne and Wear.
Printed in Great Britain for Hodder & Stoughton Educational, a division of Hodder Headline Plc, 338 Euston Road, London NW1 3BH by The Bath Press, Lower Bristol Road, Bath.

CONTENTS

Series editor's introduction

WHO IS THE *ABSOLUTE BEGINNERS'* SERIES FOR?

The *Absolute Beginners'* series of business language courses has been designed to meet two major, but related, requirements. One is the need many adult learners now have for competence in a foreign language in an occupational setting. The other is the need teachers have for introductory language courses aimed at the true beginner.

The objectives of the series are, therefore, to provide a thorough grounding in the basics of the language, while concentrating on the situations and vocabulary needs of someone working in a foreign business environment. As such, the *Absolute Beginners' Business Language Series* will be of value in higher education, particularly in institution-wide language programmes, as well as in further and adult education. Members of the business community will find the series a useful introduction to other courses with a more pronounced business focus; teachers in secondary education may also wish to consider the series as an alternative to general language courses at post-16 level.

WHAT DOES THE SERIES COVER?

Each book in the *Absolute Beginners'* series follows the experiences of a student from the UK taking up a work placement in a foreign company. In the course of the first working day, the student is introduced to new colleagues, and gradually gets to know the office, the department and the working routine of the company. Other situations covered include making appointments, escorting visitors, showing someone round the company, telephoning and sending a fax, ordering supplies, making travel arrangements, visiting the canteen and socialising with colleagues. By the end of the course, students will have a thorough grounding in the basics of the language, in terms of grammar and a range of standard work vocabulary, as well as active practice in using the language in context via exercises designed particularly to develop listening comprehension and speaking skills.

HOW IS THE COURSE STRUCTURED?

Each book in the series consists of six chapters, each based on four short dialogues illustrating a typical working situation and introducing and/or reinforcing a key language point. The exercises following the dialogues provide a range of varied activities which develop receptive skills, including listening comprehension, and establish the basis for active speaking practice in the form of pairwork, role-plays and dialogue chains. Grammar points have been fully integrated into the text; as new grammar is introduced in the dialogues, brief explanations are given, followed by exercises offering further practice of the point concerned. Each chapter finishes with a detailed checklist of the language and communication skills covered. At the back of the book there is a comprehensive glossary with English equivalents.

The *Absolute Beginners'* series provides extensive opportunities for listening to and using the spoken language. All the dialogues and many of the exercises have been recorded on two C60 cassettes, available together with a Support Book containing the cassette transcripts and key to exercises.

RECOMMENDED COURSE LENGTH, ENTRY AND EXIT LEVELS

It is obviously difficult to specify precisely how much time it would take to complete a course in the *Absolute Beginners'* series, as individual classroom circumstances can vary so widely. Taken at a steady pace, the course can be completed in one 15-week semester, assuming a minimum of two hours' class contact per week and regular directed study. For many teaching colleagues, this could be an attractive option, but there would be very little time to incorporate other materials or activities. More conventionally, the course can be completed comfortably within an academic year, again assuming a minimum of two hours' class contact per week and regular directed study. On this basis, teachers would find that they had some time to devote to extending the range of language and situations covered and thus give the course an additional business or general focus.

As the series title indicates, the course is designed for learners with no prior knowledge of the language and it proceeds at their pace. The range of language, situations and grammar is deliberately modest, but this range is covered very thoroughly in order to lay sound foundations for subsequent language learning. The course has not been designed with the needs of any particular examinations syllabus in mind; rather, in writing the coursebooks in the series, authors have been guided by NVQ Level 1 standards for language competence at work, as defined by the Languages Lead Body.

THE *ABSOLUTE BEGINNERS'* SERIES AND THE *HOTEL EUROPA* SERIES

The *Absolute Beginners'* series acknowledges the debt it owes to the *Hotel Europa* series. Though a free-standing course in its own right, *Absolute Beginners'* utilises some of the same characters and settings from *Hotel Europa*; for example, the student is placed in the company which is the customer for the hotel's conference and accommodation facilities in *Hotel Europa*. Similarly, the approach in *Absolute Beginners'* mirrors that in *Hotel Europa* by basing the series on realistic working situations, accessible to teacher and learner alike, whatever their business background. Teachers using *Absolute Beginners'* and looking for a course to help their students to progress will find that *Absolute Beginners'* provides an excellent introduction to *Hotel Europa* and that the transition will be smooth.

ACKNOWLEDGEMENTS

On behalf of all the authors involved with the *Absolute Beginners'* series I should like to acknowledge the invaluable contribution of Tim Gregson-Williams and his team at Hodder & Stoughton to realising the concept for this series, and to thank the many colleagues and course participants – sadly too numerous to mention here – who have provided us with feedback and suggestions. We have very much appreciated their views and thank them all for their assistance.

Marianne Howarth
Department of Modern Languages
The Nottingham Trent University

CHAPITRE UN

Bienvenue à la société Jamalex
WELCOME TO JAMALEX

In this chapter you will learn how to:
- greet somebody
- introduce yourself
- introduce somebody informally
- ask simple questions
- give simple information

DIALOGUE 1 *Bonjour, Sophie.*

Lundi matin: Sylvie Morand, la secrétaire de Patrick Gillet, et Sophie Lambert, la secrétaire de Paul Maroger, arrivent au bureau.

Monday morning: Sylvie Morand, Patrick Gillet's secretary, and Sophie Lambert, Paul Maroger's secretary, are arriving at the office.

Listen to these expressions on the cassette, repeating them in the pause provided.

bonjour	*hello, good morning, good afternoon*
ça va? (as question)	*how are you?, how are things?*
très bien	*very well*
merci	*thank you*
et vous?	*and you?*
ça va (as answer)	*OK*
bon weekend?	*nice weekend?*
très agréable	*very pleasant*

Ecoutez le dialogue/*Listen to the dialogue:*

SYLVIE MORAND: Bonjour, Sophie. Ça va?
SOPHIE LAMBERT: Bonjour. Très bien, merci. Et vous?
SYLVIE MORAND: Oui, ça va.
SOPHIE LAMBERT: Bon weekend?
SYLVIE MORAND: Excellent, merci. Et vous?
SOPHIE LAMBERT: Très agréable! Le nouveau stagiaire arrive aujourd'hui?
SYLVIE MORAND: Oui.
SOPHIE LAMBERT: Il est italien?
SYLVIE MORAND: Non, il est anglais.

EXERCICE 1.1

What are they saying? The dialogue you will hear on the cassette is similar but not identical to the one above. Put a number in the boxes below to show the order in which you hear the phrases.

ça va   ☐

bon weekend?   ☐

ah bonjour   ☐

excellent, merci   ☐

très agréable   ☐

oui, merci, et vous?   ☐

EXERCICE 1.2

Greeting someone informally. Listen to the cassette and give your answer in the gaps according to the prompts.

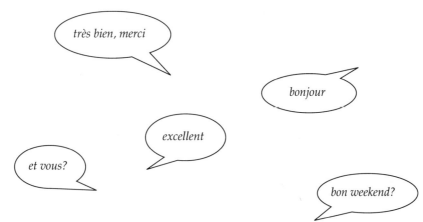

Now listen to the complete dialogue.

EXERCICE 1.3

Where are they from? Listen to the tape and tick the grid showing where these people are from.

	GB	B	E	NL	S
Maria					
John					
Jacqueline					
Hans					
Erik					

GRAMMAIRE   *Asking questions*

The easiest and the usual way of asking a question is simply to raise the voice at the end of a sentence.

le stagiaire est anglais?

EXERCICE 1.4

Listen to the recording, paying particular attention to the intonation. Are these questions or statements? Tick the boxes.

	1	2	3	4	5	6
Question						
Statement						

EXERCICE 1.5

Now listen to the mini-dialogues on the cassette, but this time repeat the phrases in the gaps provided. Be careful to get the intonation right, differentiating between questions and statements.

EXPANSION

In conversation there are often phrases which are just used to make communication easier or more lively.

Listen to these expressions on the cassette, repeating them in the pause provided.

comment ça va?	*how are you?*
oh oui	*yes (more emphatic)*
comme toujours	*as always*
écoutez	*listen*
c'est ça	*that's right*
je crois	*I think (literally: I believe)*

Ecoutez le dialogue:

SYLVIE MORAND: Bonjour, Sophie. Comment ça va?
SOPHIE LAMBERT: Bonjour. Très bien, merci. Et vous?
SYLVIE MORAND: Oh comme toujours, ça va.
SOPHIE LAMBERT: Bon weekend?
SYLVIE MORAND: Excellent, merci. Et vous?
SOPHIE LAMBERT: Très agréable! Ecoutez, le nouveau stagiaire arrive aujourd'hui, n'est-ce pas?
SYLVIE MORAND: Oui, c'est ça.
SOPHIE LAMBERT: Il est italien?
SYLVIE MORAND: Non, il est anglais, je crois.

A NOTER

comment ça va? – the longer form of *ça va?*. (Usual reply: *très bien, merci* 'very well, thank you', or *ça va, merci* 'OK, thank you'.)

écoutez – frequently used to signal a change of subject or to introduce a statement.

n'est-ce pas? – literally 'is it not?' (the equivalent of English phrases such as 'doesn't he?', 'won't they?' etc).

EXERCICE 1.6

Meeting a colleague. Listen to the dialogue right through, then play the part of the second speaker, recording your answers in the gaps provided.

DIALOGUE 2 *Je suis Mark Taylor*

Le nouveau stagiaire, Mark Taylor, arrive. Il se présente.

Mark Taylor, the new trainee, arrives. He introduces himself.

Listen to these expressions on the cassette, repeating them in the gap provided.

entrez	*come in*
bonjour, mademoiselle, je suis Mark Taylor	*hello, I'm Mark Taylor*
enchanté	*pleased to meet you*
bienvenue à la société Jamalex	*welcome to Jamalex*
je suis en retard?	*am I late?*
vous êtes de Londres?	*are you from London?*
je suis de Bournemouth	*I'm from Bournemouth*

Ecoutez le dialogue:

SOPHIE LAMBERT: Entrez.
MARK TAYLOR: Bonjour, mademoiselle, je suis Mark Taylor.
SOPHIE LAMBERT: Bonjour, monsieur. Sophie Lambert, je suis la secrétaire de Monsieur Maroger.
MARK TAYLOR: Enchanté.
SOPHIE LAMBERT: Vous êtes le nouveau stagiaire?
MARK TAYLOR: Oui.
SOPHIE LAMBERT: Bienvenue à la société Jamalex.
MARK TAYLOR: Merci.
SYLVIE MORAND: Bonjour, je suis Sylvie Morand.
MARK TAYLOR: Enchanté, madame. Je suis en retard?
SYLVIE MORAND: Non, non. Vous êtes de Londres?
MARK TAYLOR: Non, je suis de Bournemouth.

A NOTER   When greeting people whom you don't know, or know only slightly, it is considered polite to use the appropriate title *madame, mademoiselle, monsieur,* e.g. *bonjour, madame; enchanté, mademoiselle.* Note that, in writing, these titles are usually abbreviated to *Mme, Mlle* and *M.* respectively.

EXERCICE 2.1

Introducing yourself. Using the lists of names below, practise introducing yourself.

Modèle   (Mrs Morand – Peter Jones)
             Bonjour, madame. Je suis Peter Jones.

1 Mrs Morand – Peter Jones

2 Mr Maroger – Mary Evans

3 Miss Lambert – Susan Smith

4 The chairman – David Clarke

5 The young receptionist – Sarah Wilson

Now listen to the cassette and repeat the phrases in the gaps provided.

EXERCICE 2.2

Responding to introductions. Listen to the tape and record your answers in the gaps provided according to the model below.

Modèle   Ecoutez: Ah bonjour. Je suis Sylvie Morand.
             Répondez: Enchanté, madame.

1 Mme Sylvie Morand

2 M. Patrick Gillet

3 Mlle Sophie Lambert

4 M. Paul Maroger

5 Mme Christine Garnier

EXERCICE 2.3

Now start the conversation by adding a question according to the whispered prompts.

Modèle   Ecoutez: Bonjour. Je suis Valérie Lemoine. (*Paris*)
             Répondez: Enchanté, mademoiselle. Vous êtes de Paris?

1 Mlle Valérie Lemoine (*Paris*)

2 M. Robert Simon (*Toulouse*)

3 Mme Louise Martel (*Marseille*)

4 M. François Cochard (*Bordeaux*)

5 Mme Yvonne Lagarde (*Boulogne*)

EXERCICE 2.4

PATRICK GILLET	SOPHIE	VALERIE	MARK	LOUISE
Directeur de	LAMBERT	LEMOINE	TAYLOR	MARTEL
Marketing	Secrétaire	Réceptionniste	Stagiaire	Stagiaire

Saying what people's jobs are. Listen to each question and answer in French in the gap provided according to the whispered prompts. Remember: *il est* 'he is' and *elle est* 'she is'.

Modèle   Ecoutez: Sophie Lambert est stagiaire? (*secrétaire*)
Répondez: Non, elle est secrétaire.

1 Sophie Lambert est stagiaire? (*secrétaire*)

2 Louise Martel est réceptionniste? (*stagiaire*)

3 Valérie Lemoine est secrétaire? (*réceptionniste*)

4 Patrick Gillet est directeur du personnel? (*directeur du marketing*)

5 Mark Taylor est directeur? (*stagiaire*)

GRAMMAIRE

être – to be

je suis	*I am*	nous sommes	*we are*
tu es	*you are*	vous êtes	*you are*
il est	*he is*	ils sont	*they are* (m)
elle est	*she is*	elles sont	*they are* (f)

Note: there are two words in French for 'you' – *tu* and *vous*. *Tu* is used when speaking to one person who is either a relative or someone you know quite well. *Tu* is also used when speaking to a child. *Vous* is more formal: it is used when speaking to someone who is not a relative or a friend, and when speaking to more than one person. In business contacts, you should use *vous* until somebody suggests using *tu*.

EXERCICE 2.5

Talking about staff. Listen to Sylvie Morand describing her colleagues to a visitor and fill in the missing verbs in the text overleaf.

Nous .... six dans le bureau. Moi, je .... la secrétaire de Patrick Gillet et Sophie .... la secrétaire de Paul Maroger. Patrick Gillet et Paul Maroger .... directeurs. Vous, vous .... le stagiaire, n'est-ce pas?

EXPANSION

Listen to these different ways of adding emphasis, and then repeat them in the gaps provided.

probablement	*probably*
moi, je suis Sophie Lambert	**I'm** *Sophie Lambert*
moi aussi	*me too*
mais non	*no, no*
pas du tout	*not at all*
ah non	***no***

Ecoutez le dialogue:

SOPHIE LAMBERT: Entrez.
MARK TAYLOR: Bonjour, mademoiselle. Je suis Mark Taylor.
SOPHIE LAMBERT: Bonjour, monsieur. Vous êtes probablement le nouveau stagiaire?
MARK TAYLOR: Oui, c'est ça.
SOPHIE LAMBERT: Bienvenue à la société Jamalex.
MARK TAYLOR: Merci.
SYLVIE MORAND: Bonjour, je suis Sylvie Morand.
SOPHIE LAMBERT: Et moi, je suis Sophie Lambert. Je suis la secrétaire de Monsieur Maroger. Enchantée.
MARK TAYLOR: Moi aussi, enchanté. Je suis en retard?
SYLVIE MORAND: Mais non, pas du tout. Vous êtes de Londres?
MARK TAYLOR: Ah non, je suis de Bournemouth.

A NOTER

mais normally means 'but'. However, it can also be used simply to add emphasis, as here.

EXERCICE 2.6

Match the answers to the questions.

1 Vous êtes le nouveau stagiaire?

2 Vous êtes la secrétaire de Paul Maroger?

3 Je suis probablement en retard?

4 Vous êtes de Londres?

a Pas du tout.

b Oui, c'est ça. Je suis Mark Taylor.

c Ah non, de Bournemouth.

d Mais non, je suis la secrétaire de Patrick Gillet.

DIALOGUE 3 *Voici Valérie Lemoine*

Mark Taylor est présenté à un membre du personnel.

Mark Taylor is introduced to a member of staff.

Listen to these expressions on the cassette, repeating them in the gaps provided.

je suis étudiant	*I'm a student*
c'est intéressant	*that's interesting*
voilà Valérie	*there's Valérie*
voici Mark Taylor	*this is Mark Taylor*

Ecoutez le dialogue:

SOPHIE LAMBERT: Vous êtes anglais?
MARK TAYLOR: Oui, je suis de Bournemouth.
SOPHIE LAMBERT: De Bournemouth? C'est intéressant. J'ai un ami à Bournemouth.
MARK TAYLOR: Il est étudiant?
SOPHIE LAMBERT: Non. Il est ingénieur. Il travaille pour une société d'électronique. Ah, voilà Valérie Lemoine. Valérie, voici Mark Taylor, le nouveau stagiaire. Il est anglais.
VALÉRIE LEMOINE: Bonjour, Mark.
MARK TAYLOR: Bonjour. Vous êtes secrétaire?
VALÉRIE LEMOINE: Non. Je suis la réceptionniste.

A NOTER   When saying what somebody does in life, there is no equivalent in French of the English 'a' or 'an': *il est ingénieur* 'he's an engineer'; *vous êtes secrétaire?* 'are you a secretary?' But note: *je suis la réceptionniste* 'I'm **the** receptionist'.

EXERCICE 3.1

Answer the following questions in French, then check your answers by listening to the tape.

1 Mark Taylor est français?

2 Il est de Manchester?

3 L'ami de Sophie est étudiant?

4 Valérie Lemoine est secrétaire?

EXERCICE 3.2

Introducing somebody informally. On the tape you will hear someone announcing the arrival of a colleague. You introduce somebody else to them.

Modèle (Jacqueline – Valérie Lemoine, réceptionniste)
Ecoutez: Ah, voilà Jacqueline.
Répondez: Jacqueline, voici Valérie Lemoine, la réceptionniste.

1 Jacqueline – Valérie Lemoine, réceptionniste

2 Suzanne – Michel Garnier, directeur du personnel

3 Jacques – Sophie Lambert, secrétaire

4 Pierre – Patrick Gillet, directeur du marketing

5 Sylvie – Mark Taylor, stagiaire

EXERCICE 3.3

You are welcoming Madame Garnier to your department and introduce her to your colleague. Record your answers in the gaps provided, using the phrases below.

MME GARNIER: Bonjour, je suis Martine Garnier.
YOU: *Say good morning and introduce yourself.*
MME GARNIER: Enchantée.
YOU: *Say you're delighted too and ask Madame Garnier to come in.*
MME GARNIER: Merci.
YOU: *Introduce the receptionist, Valérie Lemoine.*

EXERCICE 3.4

Saying where people are from. Look at the map, then listen to the questions on the cassette, answering them in French in the gap provided.

Modèle   Ecoutez: Paul Maroger est de Paris?
            Répondez: Non, il est de La Rochelle.

1 Paul Maroger est de Paris?

2 Sophie Lambert est de La Rochelle?

3 Valérie Lemoine est de Lyon?

4 Sylvie Morand est de Paris?

5 Et vous, vous êtes de Marseille?

GRAMMAIRE

Saying 'the'

All nouns in French are either masculine or feminine. The French for 'the' is *le* if the noun is masculine, *la* if the noun is feminine, and *l'* if the noun begins with *a, e, i, o* or *u*.

le stagiaire	*the trainee*
la secrétaire	*the secretary*
l'étudiant	*the student*

EXERCICE 3.5

Look up the following nouns in the glossary and enter them in the grid under *le, la,* or *l'*.

ingénieur	société	weekend	secrétaire	étudiant
stagiaire	directeur	ami	bureau	réceptionniste

le	la	l'

GRAMMAIRE   *Saying 'a' and 'an'*

The French for 'a' or 'an' is *un* if the noun is masculine, and *une* if the noun is feminine.

un stagiaire	*a trainee*
un ami	*a friend* (male)
une secrétaire	*a secretary*
une amie	*a friend* (female)

EXERCICE 3.6

Write *un* or *une* in front of the following nouns:

. . . ingénieur	. . . société
. . . weekend	. . . ami
. . . réceptionniste	. . . bureau
. . . directeur	. . . étudiant
. . . stagiaire	. . . secrétaire

GRAMMAIRE   *avoir* – to have

j'ai	*I have*	nous avons	*we have*
tu as	*you have*	vous avez	*you have*
il a	*he has*	ils ont	*they have* (m)
elle a	*she has*	elles ont	*they have* (f)

EXERCICE 3.7

Practising *avoir*. Listen to the following sentences on the cassette and fill in the missing verb.

1 Vous .... un ami à Lyon?

2 Ils .... un ami à Marseille.

3 Nous .... un ami à Paris.

4 Sylvie et Valérie .... un ami à Versailles.

5 J'......... un ami à Bordeaux.

EXERCICE 3.8

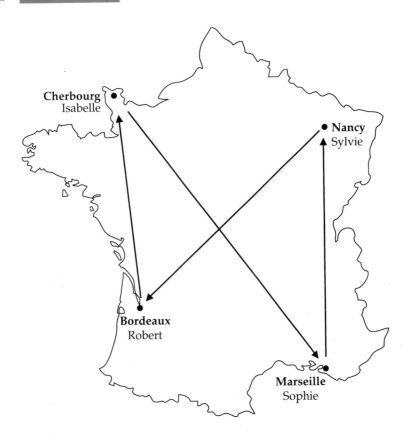

Listen to the questions on the cassette and answer in French in the gap provided, using the indications on the map.

Modèle   Ecoutez: Isabelle a une amie à Nancy?
            Répondez: Non, elle a une amie à Marseille – Sophie.

1 Isabelle a une amie à Nancy?

2 Sophie a une amie à Bordeaux?

3 Sylvie a un ami à Cherbourg?

4 Robert a une amie à Marseille?

EXPANSION

Listen to these expressions and repeat them in the gaps provided.

alors	*so*
c'est exact	*that's right*
tiens!	*is that so?, really?*
ah bon?	*oh really?*
vous aussi?	(literally) *you too?*

Ecoutez le dialogue:

SOPHIE LAMBERT:	Alors, vous êtes anglais?
MARK TAYLOR:	Oui, c'est exact. Je suis de Bournemouth.
SOPHIE LAMBERT:	De Bournemouth? Tiens! C'est intéressant. J'ai un ami à Bournemouth.
MARK TAYLOR:	Ah bon? Il est étudiant?
SOPHIE LAMBERT:	Non, non. Il est ingénieur. Il travaille pour une société d'électronique. Ah, voilà Valérie Lemoine. Valérie, voici Mark Taylor, le nouveau stagiaire. Il est anglais.
VALÉRIE LEMOINE:	Bonjour, Mark.
MARK TAYLOR:	Bonjour. Vous êtes secrétaire, vous aussi?
VALÉRIE LEMOINE:	Non, non. Je suis la réceptionniste.

EXERCICE 3.9

Listen to the dialogue again. Place the appropriate letter in one of the numbered boxes to show the order in which the phrases occur in the dialogue.

1		**a** il est anglais
2		**b** ah bon?
3		**c** non, non
4		**d** alors
5		**e** c'est exact
6		**f** vous aussi?
7		**g** c'est intéressant
8		**h** il est étudiant?

DIALOGUE 4 *Vous travaillez ici*

Sophie Lambert donne des informations à Mark Taylor.

Sophie Lambert gives some information to Mark Taylor.

Listen to these expressions, repeating them in the gap provided.

il y a six personnes dans le service	*there are six people in the department*
elle travaille pour le directeur du marketing	*she works for the head of marketing*
voilà votre bureau	*here is your desk*
voici le dossier	*here is the file*
je comprends	*I understand*
d'accord	*OK*

Ecoutez le dialogue:

SOPHIE LAMBERT: Mark, cette semaine, vous travaillez ici avec Sylvie.
MARK TAYLOR: Très bien.
SOPHIE LAMBERT: Il y a six personnes dans le service. Sylvie travaille pour Patrick Gillet, le directeur du marketing.
MARK TAYLOR: Je comprends.
SOPHIE LAMBERT: Voilà votre bureau.
MARK TAYLOR: D'accord.
SOPHIE LAMBERT: Le bureau de Sylvie est là-bas.
MARK TAYLOR: Oui . . .
SOPHIE LAMBERT: Et voici le dossier d'information pour les stagiaires.
MARK TAYLOR: Merci.

EXERCICE 4.1

Who does what? Listen to the questions and answer them in French in the gaps provided, using the whispered prompts.

Modèle   Ecoutez: Mark Taylor travaille avec Sophie Lambert cette semaine?
(No, he's working with Sylvie Morand)
Répondez: Non, il travaille avec Sylvie Morand.

1 Mark Taylor travaille avec Sophie Lambert cette semaine?

2 Sylvie Morand est la secrétaire de Paul Maroger?

3 Patrick Gillet est le directeur de production?

4 Il y a six personnes dans le service?

5 Le dossier d'information est pour les réceptionnistes?

GRAMMAIRE   *Singular and plural*

The French for 'the' (*le, la, l'*) and the French for 'a' or 'an' (*un, une*) have a plural form which is used with plural nouns. The plural form of *le, la* and *l'* is *les*. Notice that most nouns in French add –*s* to form the plural, though the –*s* is usually not pronounced.

le stagiaire	les stagiaires
la secrétaire	les secrétaires
l'ami	les amis

The plural of *un* and *une* is *des*.

un stagiaire	des stagiaires
une secrétaire	des secrétaires
un ami	des amis

Note: *des* often has no equivalent in English, though it sometimes means 'some': *il y a des stagiaires dans le service* 'there are (some) trainees in the department'.

EXERCICE 4.2

Enter the nouns below in the grid under the appropriate heading *le, la, l'* or *les*. If necessary, refer to the glossary at the back of the book to check the gender.

directeur   secrétaire   étudiants   dossiers   société

ordinateurs   réceptionniste   bureau   ami   stagiaires

le	la	l'	les

EXERCICE 4.3

Enter the words below in the grid under the appropriate heading *un*, *une* or *des*.
Refer to the glossary if you need to.

bureau   ordinateur   stagiaires   étudiants

explication   sociétés   ingénieurs

directeurs   secrétaires   réceptionniste

un	une	des

GRAMMAIRE

travailler – to work

All regular verbs in French belong to one of three groups. By far the largest
group consists of those verbs whose basic form (called the infinitive) ends in
–er.

je travaille	*I work*	nous travaillons	*we work*
tu travailles	*you work*	vous travaillez	*you work*
il travaille	*he works*	ils travaillent	*they work* (m)
elle travaille	*she works*	elles travaillent	*they work* (f)

In French there is no equivalent of the English continuous present (e.g. 'I am
working'), so *je travaille*, for example, may mean either 'I work' or 'I am
working'.

Other useful *–er* verbs:

arriver	*to arrive*	parler	*to speak*
commencer	*to begin*	écouter	*to listen*
téléphoner	*to telephone*	organiser	*to organise*

EXERCICE 4.4

Practising *travailler*. Listen to the cassette and fill in the gaps in the sentences
below.

1 Valérie Lemoine .... comme réceptionniste?

2 Vous .... à Londres?

3 Je .... comme secrétaire.

4 Ils .... à Marseille.

5 Nous .... pour Monsieur Maroger.

6 Sylvie Morand et Sophie Lambert .... ici.

7 Tu .... cette semaine?

8 Paul .... pour une société d'électronique.

EXERCICE 4.5

Practise using another *–er* verb. Answer the questions on the cassette according to the whispered prompts.

Modèle Ecoutez: Sylvie téléphone à Marseille? *(Bordeaux)*
            Répondez: Non, elle téléphone à Bordeaux.

1 Sylvie téléphone à Marseille? *(Bordeaux)*

2 Vous téléphonez à Berlin? *(Tokyo)*

3 Valérie et Sophie téléphonent à Londres? *(Madrid)*

4 Jacqueline et vous téléphonez à Milan? *(Rome)*

5 Mark téléphone à Grenoble? *(Lyon)*

EXPANSION

Listen to these expressions, repeating them in the gaps.

bon!	*right!*
maintenant, commençons!	*now, let's begin!*
je sais	*I know*
ah merci bien	*oh thank you very much*

Ecoutez le dialogue:

SOPHIE LAMBERT: Bon! Maintenant, commençons. Mark, cette semaine, vous travaillez ici avec Sylvie.

MARK TAYLOR: Très bien

SOPHIE LAMBERT: Il y a six personnes dans le service. Moi, je travaille pour Paul Maroger, le directeur des ventes.

MARK TAYLOR: Oui, je sais.

SOPHIE LAMBERT: Voilà votre bureau.

MARK TAYLOR: Mon bureau . . . d'accord.

SOPHIE LAMBERT: Le bureau de Sylvie est là-bas.

MARK TAYLOR: Oui . . .

SOPHIE LAMBERT: Et puis, voici le dossier d'information pour les stagiaires.

MARK TAYLOR: Ah merci bien.

A NOTER

moi is a way of adding emphasis to *je* and is approximately equivalent to 'as for me'.

EXERCICE 4.6

You are being shown around the office for the first time. Listen to the cassette and answer in French in the gaps provided, according to the prompts. Use the following expressions in your answers:

EXERCICE 4.7

Practise speaking (work in pairs). Imagine that one of you has arrived at the offices of a French company in Toulouse on a visit. Use the guidelines below when working out and practising your conversation, then listen to the cassette for some of the things you might have said.

> Dominique Durand
> Directeur du marketing
> Société Electromax
> Bordeaux

> Claude Varenne
> Secrétaire de M. Lebrun
> Toulouse

say good morning and introduce yourself, say who you work for and what your job is

say good morning and introduce yourself

say you're pleased to meet him/her

say you're pleased too say what your job is

ask if he/she is from Paris

say no, say where you're from, ask if he/she is from Paris

say no, say where you're from

Avant de continuer

Before moving on to the next chapter, make sure that you can:

• greet somebody informally and respond	*Bonjour. Ça va?* *Très bien, merci. Et vous?*
• greet someone more formally	*bonjour monsieur/madame/* *mademoiselle*
• introduce yourself	*je suis Patrick Gillet* *je suis directeur du marketing* *je suis la secrétaire de Monsieur* *Maroger*
• introduce someone informally	*voici Valérie Lemoine*
• respond to an introduction	*enchanté*
• ask simple questions	*c'est le nouveau stagiaire?* *il est italien?* *je travaille ici cette semaine?*
• reply to questions	*c'est ça* *c'est exact* *d'accord*
• give simple information	*il y a six personnes dans le service* *je suis de Bournemouth* *je suis anglais* *il est ingénieur* *voici le dossier*

CHAPITRE DEUX

Au travail!

In this chapter you will practise:
- saying where things are
- asking more questions
- exchanging information
- using numbers
- talking about days and months
- talking about what somebody has to do

DIALOGUE 1 *Les dossiers sont ici*

Sophie Lambert décrit le bureau à Mark Taylor.

Sophie Lambert describes the office to Mark Taylor.

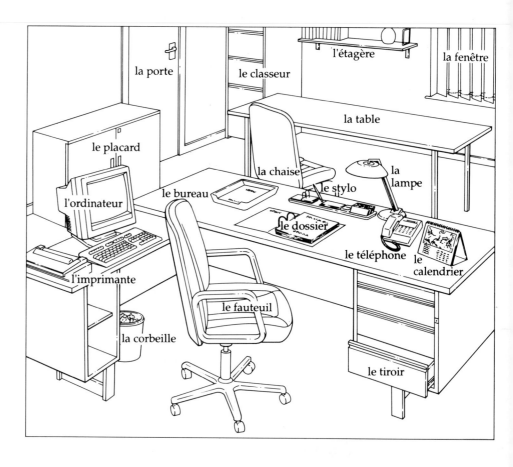

Image labels: la porte, le classeur, l'étagère, la fenêtre, la table, le placard, la chaise, la lampe, le bureau, le stylo, l'ordinateur, le dossier, le téléphone, le calendrier, l'imprimante, le fauteuil, la corbeille, le tiroir

Ecoutez et répétez:

dans les classeurs	*in the filing cabinets*
derrière le bureau	*behind the desk*
devant la fenêtre	*in front of the window*
sur la table	*on the table*
à côté de la porte	*beside the door*
où est le fax?	*where is the fax?*

Ecoutez le dialogue:

SOPHIE LAMBERT: Les dossiers sont dans les classeurs, derrière le bureau de Valérie.
MARK TAYLOR: D'accord.
SOPHIE LAMBERT: Voilà la photocopieuse, devant la fenêtre. Elle marche très bien. La réserve de papier est dans le petit placard, à droite.
MARK TAYLOR: Et où est le fax?
SOPHIE LAMBERT: Sur la table.
MARK TAYLOR: Où?
SOPHIE LAMBERT: Sur la table, à côté de la porte.
MARK TAYLOR: Ah oui!

GRAMMAIRE   *Asking questions*

A common way of asking questions is to use a 'question word' such as *où?* 'where?'.

où est le dossier?	*where is the file?*
où sont les documents?	*where are the documents?*
où est-elle?	*where is she?*
où sont-ils?	*where are they?*

EXERCICE 1.1

Listen to the tape and answer the questions in French in the gap provided, referring to the description in the dialogue.

Modèle   Ecoutez: Les dossiers sont sur la table?
Répondez: Non, ils sont dans les classeurs.

1 Les dossiers sont sur la table?

2 Où est la photocopieuse?

3 Les classeurs sont à côté de la porte?

4 Où est le fax?

5 La réserve de papier est dans le classeur?

EXERCICE 1.2

à gauche *on the left*	à droite *on the right*	devant *in front of*	au-dessus de *above*
sur *on*	sous *under*	à côté de *beside*	

Look carefully at the picture at the beginning of Dialogue 1, then fill in the gaps in the sentences below.

1 Le dossier est .... le bureau.

2 L'ordinateur est .... de l'imprimante.

3 .... est à côté de la fenêtre.

4 La corbeille est .... l'ordinateur.

5 Le fauteuil est .... le bureau.

6 La lampe est .... du téléphone.

7 L'étagère est .... de la table.

EXERCICE 1.3

You do not know the office very well and you have made a list of things you need to find. Work out how to ask about them, adapting the following model:

Excusez-moi, où sont les classeurs, s'il vous plaît?

Then listen to the questions on the cassette, repeating them in the gaps and paying particular attention to intonation.

EXERCICE 1.4

Now listen to someone else asking for this type of information. Tick whether the answers below are true or false.

	vrai	faux
1 La photocopieuse est derrière le bureau de la secrétaire.	☐	☐
2 Le fax est à côté du téléphone.	☐	☐
3 L'ordinateur est sur le bureau de la réceptionniste.	☐	☐
4 Les dossiers anglais sont dans le placard.	☐	☐
5 Les classeurs sont à côté de la porte.	☐	☐

EXERCICE 1.5

Now, working in pairs and using the picture at the beginning of Dialogue 1, ask each other where various objects in the room are.

EXPANSION

Ecoutez et répétez:

comme vous voyez	*as you can see*
attention!	*be careful!, watch out!*
je vois	*I see*
où ça?	*where's that?*
là-bas	*over there*

Ecoutez le dialogue:

SOPHIE LAMBERT: Comme vous voyez, les dossiers sont dans les classeurs, derrière le bureau de Valérie.

MARK TAYLOR: D'accord.

SOPHIE LAMBERT: Et puis, voilà la photocopieuse, devant la fenêtre. Attention! Elle est assez fragile. La réserve de papier est dans le petit placard, à droite.

MARK TAYLOR: Je vois, et où est le fax?

SOPHIE LAMBERT: Eh bien, là, sur la table.

MARK TAYLOR: Où ça?

SOPHIE LAMBERT: Mais là-bas, sur la table, à côté de la porte. Heureusement, il marche très bien.

EXERCICE 1.6

What would you expect in the gaps below? The expressions you will need are shown at the end.

– Entrez. ...., c'est le service de marketing. ...., c'est .... agréable. A droite, à côté de la fenêtre, c'est le bureau de Marielle, et ...., le bureau de Jean-Pierre.

– .... Où sont les ordinateurs?

– Ils sont ....

– ......?

– ...., derrière le bureau de Marielle.

– ......! Ils marchent bien?

– Les ordinateurs? Très bien, mais .... à l'imprimante, elle est .... fragile.

je vois	où ça?	à gauche	sur la table	attention!	très
comme vous voyez		là-bas	ah oui!	ici	assez

Now listen to the complete dialogue on the cassette.

DIALOGUE 2 *Voilà le courrier*

Sophie Lambert arrive avec le courrier.

Sophie Lambert arrives with the post.

🔲 Ecoutez et répétez:

voilà le courrier	*here's the post*
il y a beaucoup de lettres	*there are a lot of letters*
bien sûr	*of course*
c'est vrai	*that's true*
il y a quelque chose pour moi?	*is there something for me?*
attendez	*wait*
désolé(e)	*sorry*
c'est tout	*that's all*

🔲 Ecoutez le dialogue:

SOPHIE LAMBERT: J'apporte le courrier. Il y a beaucoup de lettres aujourd'hui!

SYLVIE MORAND: Bien sûr. Nous sommes lundi.

SOPHIE LAMBERT: Oui, c'est vrai. Voilà le courrier de Monsieur Gillet, Sylvie: cinq lettres et deux paquets. Et puis, il y a un message pour Mark.

SYLVIE MORAND: Merci. Et pour moi? Il y a quelque chose pour moi?

SOPHIE LAMBERT: Attendez ... il y a sept ou huit lettres pour Monsieur Maroger, mais pour vous, non, désolée, c'est tout.

A NOTER

il y a is very commonly used – it can mean either 'there is' or 'there are': *il y a une lettre pour Sophie* 'there is a letter for Sophie'; *il y a cinq lettres pour Sylvie* 'there are five letters for Sylvie'.

voilà – this word is the equivalent of both 'there is' and 'there are' and is used to draw attention to something: *ah, voilà Sophie* 'ah, there's Sophie'; *voilà les documents* 'there are the documents'. Be careful not to confuse this word with the expression *il y a* which is used simply to make a statement of fact.

GRAMMAIRE   *Numbers 1–10*

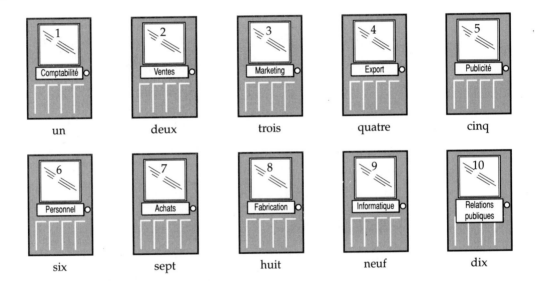

un	deux	trois	quatre	cinq

| six | sept | huit | neuf | dix |

🔲 **EXERCICE 2.1**

Listen to the numbers on the cassette and repeat them in the pause.

🔲 **EXERCICE 2.2**

Give the door numbers in answer to the enquiries which you hear on the cassette.

Modèle   Ecoutez: Le service de publicité, s'il vous plaît?
             Répondez: Porte numéro cinq, madame.

🔲 **EXERCICE 2.3**

Listen to the tape and fill in the missing numbers in the gaps below.

1 Oui, oui, j'ai les .... documents.

2 Il y a .... personnes dans le service.

3 Nous avons .... ordinateurs.

4 Elle a .... amis à Lyon.

5 Où sont les .... dossiers?

6 J'ai .... message pour vous.

7 Les .... stagiaires arrivent aujourd'hui.

8 Les .... classeurs sont là.

9 Il y a .... lettres sur votre bureau.

10 Nous avons .... directeurs dans la société.

EXERCICE 2.4

Answer the questions on the cassette, increasing the given number by two.

Modèle   Ecoutez: Il y a sept lettres?
Répondez: Non, neuf.

1 Il y a sept lettres?

2 Elle a deux amis à Lyon?

3 Il y a trois personnes dans le service?

4 Vous avez huit documents pour Sylvie?

5 Quatre stagiaires arrivent aujourd'hui?

EXERCICE 2.5

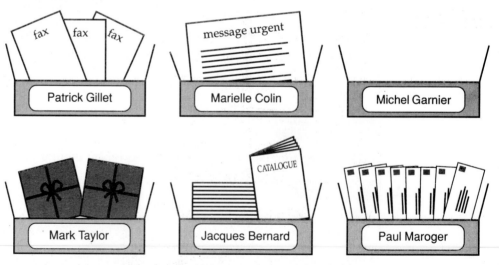

Listen to Michel Garnier's questions on the cassette and then reply according to the model below.

Modèle   Ecoutez: Il y a quelque chose pour Monsieur Gillet?
Répondez: Pour Monsieur Gillet? Oui, il y a trois fax.

For the last question, see what you can say.

EXPANSION

Ecoutez et répétez:

c'est normal	*that's quite usual*
tenez	*here you are*
déjà!	*already!*
moi aussi	*me too*
j'attends une lettre	*I'm expecting a letter*
pas aujourd'hui	*not today*
au travail!	*down to work!*

Ecoutez le dialogue:

SYLVIE MORAND: Ah, voilà Sophie. Elle apporte le courrier.

SOPHIE LAMBERT: Il y a beaucoup de courrier aujourd'hui.

SYLVIE MORAND: Mais bien sûr, c'est normal – nous sommes lundi matin.

SOPHIE LAMBERT: Oui, c'est vrai. Tenez, Sylvie, voici le courrier de Monsieur Gillet: cinq lettres et deux paquets. Et puis, il y a un message pour Mark – déjà!

SYLVIE MORAND: Merci. Et pour moi? Moi aussi, j'attends une lettre. Il y a quelque chose pour moi?

SOPHIE LAMBERT: Attendez ... il y a sept ou huit lettres pour Monsieur Maroger, mais c'est tout. Pour vous, non, désolée. Pas aujourd'hui.

SYLVIE MORAND: Bon, au travail!

EXERCICE 2.6

Listen to the dialogue on the cassette, making a suitable response in the gaps and using one of the expressions from the box below.

— C'est lundi – il y a beaucoup de lettres aujourd'hui.

— ....

— Et j'attends un fax de Paris.

— ....

— Il y a quelque chose pour moi?

— ....

— Vous avez des lettres pour Monsieur Gillet?

— ....

— Tiens! il y a un message pour Mark!

— ....

pour vous? désolé(e), pas aujourd'hui	moi aussi	déjà?
c'est normal	voilà, il y a trois lettres	

Now listen to the full dialogue on the cassette.

DIALOGUE 3 *Nous sommes lundi*

Paul Maroger discute avec Sophie Lambert son agenda pour la semaine.

Paul Maroger discusses his diary for the coming week with Sophie Lambert.

 Ecoutez et répétez:

nous sommes lundi	*it's Monday*
j'ai une semaine chargée	*I've got a busy week*
vous avez rendez-vous	*you've got an appointment*
vous êtes en déplacement	*you're away on business*

Some useful expressions of time

aujourd'hui	ce matin	cet après-midi	ce soir
today	*this morning*	*this afternoon*	*this evening*
demain	demain matin	demain après-midi	demain soir
tomorrow	*tomorrow morning*	*tomorrow afternoon*	*tomorrow evening*
lundi	lundi matin	lundi après-midi	lundi soir
Monday	*Monday morning*	*Monday afternoon*	*Monday evening*

 Ecoutez le dialogue:

PAUL MAROGER: Bon, nous sommes lundi aujourd'hui. J'ai une semaine chargée, n'est-ce pas?

SOPHIE LAMBERT: Oh oui, monsieur, c'est vrai. Ce matin, vous avez une réunion, et cet après-midi vous avez un séminaire.

PAUL MAROGER: Ah oui.

SOPHIE LAMBERT: Demain, vous avez rendez-vous avec le chef des achats de la société Vélox.

PAUL MAROGER: Ici?

SOPHIE LAMBERT: Oui. Demain matin à neuf heures. Mercredi, rien. Mais jeudi et vendredi vous êtes en déplacement.

PAUL MAROGER: Oui, je vais à Paris pour le Salon international.

| A NOTER | *nous sommes lundi* 'it's Monday' (literally 'we are Monday') – you can also say *c'est lundi*. |

| GRAMMAIRE | *The days of the week* |

```
┌─────────────────────────────────────────────────────────────────┐
│  MAI 1994                                    MAY 1994             │
│                                                                   │
│  lundi Monday                    vendredi Friday                  │
│                                                                   │
│  mardi Tuesday                   samedi Saturday                  │
│                                                                   │
│  mercredi Wednesday              dimanche Sunday                  │
│                                                                   │
│  jeudi Thursday                  notes                            │
│                                                                   │
└─────────────────────────────────────────────────────────────────┘
```

Note 1: days of the week are written with a small letter in French, except when they are the first word in the sentence.

Note 2: in French there is no equivalent of the English 'on' with days of the week; *vendredi* means 'Friday' or 'on Friday'.

EXERCICE 3.1

Listen to the tape and make an appropriate response according to the model below.

Modèle Ecoutez: Nous sommes mardi aujourd'hui?
Répondez: Non, nous sommes mercredi.

1 Nous sommes mardi aujourd'hui?

2 Nous sommes jeudi aujourd'hui, n'est-ce pas?

3 Nous sommes samedi, n'est-ce pas?

4 Aujourd'hui nous sommes lundi?

5 Aujourd'hui nous sommes mercredi, c'est ça?

EXERCICE 3.2

Listen to Patrick Gillet talking about his week and fill in the missing information on the grid.

You have not heard the words *le comité, la stratégie* before but you can probably guess what they mean. Look them up in the glossary if you are not sure.

		Patrick Gillet
lundi	matin	
	après-midi	
	soir	
mardi	matin	
	après-midi	
	soir	
mercredi	matin	
	après-midi	
	soir	
jeudi	matin	
	après-midi	
	soir	
vendredi	matin	
	après-midi	
	soir	

EXERCICE 3.3

Listen to the cassette and answer the questions by referring to the memo notes below.

Modèle Ecoutez: J'ai rendez-vous lundi?
Répondez: Non, vous avez rendez-vous mercredi matin.

memo

mardi après-midi – séminaire de marketing
mercredi matin – rendez-vous avec Garnier
mercredi après-midi – réunion avec directeur
jeudi – en déplacement à Bordeaux
vendredi – Salon international

GRAMMAIRE   *aller* – to go

je vais	*I go, am going*	nous allons	*we go, are going*
tu vas	*you go, are going*	vous allez	*you go, are going*
il va	*he goes, is going*	ils vont	*they* (m) *go, are going*
elle va	*she goes, is going*	elles vont	*they* (f) *go, are going*

EXERCICE 3.4

Fill in the missing forms of the verb *aller*.

1 Nous .... à Marseille vendredi matin.

2 Il .... à Paris demain?

3 Sylvie et Louise .... à Toulouse pour le weekend.

4 Samedi je .... à Bordeaux avec Marie.

5 Vous .... à Poitiers jeudi.

6 Tu .... à la réunion demain?

EXERCICE 3.5

Practising *aller*. Listen to the questions on the cassette and then, following the whispered prompt, answer them in the gap provided.

Modèle Ecoutez: Paul Maroger va à Nantes demain? *(Paris)*
Répondez: Non, non, il va à Paris.

    1 Paul Maroger va à Nantes demain? *(Paris)*

    2 Nous allons à Marseille jeudi? *(Strasbourg)*

    3 Vous allez à Lille aujourd'hui? *(Bordeaux)*

    4 Sophie et Louise vont à La Rochelle pour le weekend? *(Cognac)*

    5 Patrick et Sylvie vont à Londres mardi? *(Bournemouth)*

EXPANSION

Ecoutez et répétez:

c'est très important	*it's very important*
vous êtes libre	*you're free*
c'est bien ça	*that's right*

Ecoutez le dialogue:

PAUL MAROGER: Bon, nous sommes lundi aujourd'hui. J'ai une semaine chargée, je crois.

SOPHIE LAMBERT: Oh oui, monsieur, c'est vrai. Ce matin, vous avez une réunion du comité d'entreprise, et cet après-midi vous avez un séminaire d'informatique.

PAUL MAROGER: Ah oui, c'est très important.

SOPHIE LAMBERT: Demain, mardi, vous avez rendez-vous avec un fournisseur, Monsieur Lejeune, et ensuite avec le chef des achats de la société Vélox.

PAUL MAROGER: Ici, dans le bureau?

SOPHIE LAMBERT: Oui, oui. Demain matin à neuf heures. Mercredi, rien. Vous êtes libre. Mais jeudi et vendredi vous êtes en déplacement.

PAUL MAROGER: Je vais à Paris pour le Salon international.

SOPHIE LAMBERT: Oui, c'est bien ça.

EXERCICE 3.6

Role-playing. Using the expansion dialogue and the diary entry below, play the part of secretary and manager discussing the week's programme.

OCTOBRE	OCTOBRE
lundi	vendredi *réunion du comité d'entreprise*
mardi *à Paris pour le Salon de l'automobile*	samedi *weekend à Nice*
mercredi *à Paris – salon de l'auto*	dimanche
jeudi *rendez-vous avec Mlle Legrand ici*	notes

DIALOGUE 4   *Voici notre brochure*

Le directeur du marketing montre la brochure de la société à Mark Taylor.

The marketing director shows the company brochure to Mark Taylor.

Ecoutez et répétez:

ah vous voilà	*ah there you are*
asseyez-vous	*sit down*
le travail semble très intéressant	*the work seems very interesting*
voici notre brochure	*here is our brochure*
c'est pour notre collection d'automne	*it's for our autumn collection*

Ecoutez le dialogue:

PATRICK GILLET: Ah vous voilà, Mark. Asseyez-vous. Comment ça va?

MARK TAYLOR: Très bien, monsieur, merci. Le travail semble très intéressant.

PATRICK GILLET: Eh bien, concernant votre travail, voici notre brochure pour la saison prochaine.

MARK TAYLOR: Merci.

PATRICK GILLET: C'est pour notre collection d'automne. La présentation des modèles est en février. Elle est très importante.

MARK TAYLOR: Il y a trois présentations dans l'année?

PATRICK GILLET: Non, deux. En février, pour la collection d'automne, et puis en octobre pour la collection de printemps.

A NOTER   *voici* is the equivalent of both 'here is' and 'here are': *voici la brochure* 'here is the brochure', *voici les dossiers* 'here are the files'.

GRAMMAIRE *Les saisons – the seasons*

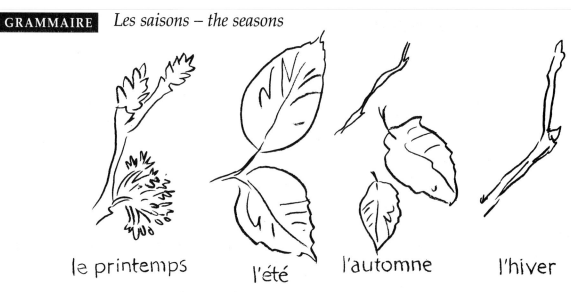

le printemps   l'été   l'automne   l'hiver

Note: *au printemps* 'in Spring', *en été* 'in Summer', *en automne* 'in Autumn', *en hiver* 'in Winter'.

Les mois – the months

janvier	février	mars	avril
1 2 3 4 5 6 7 8 9 10 11 12 13	1 2 3 4 5 6 7 8 9 10 11 12 13	1 2 3 4 5 6 7 8 9 10 11 12 13	1 2 3 4 5 6 7 8 9 10 11 12 13
14 15 16 17 18 19 20 21 22	14 15 16 17 18 19 20 21 22	14 15 16 17 18 19 20 21 22	14 15 16 17 18 19 20 21 22
23 24 25 26 27 28 29 30 31	23 24 25 26 27 28	23 24 25 26 27 28 29 30 31	23 24 25 26 27 28 29 30

mai	juin	juillet	août
1 2 3 4 5 6 7 8 9 10 11 12 13	1 2 3 4 5 6 7 8 9 10 11 12 13	1 2 3 4 5 6 7 8 9 10 11 12 13	1 2 3 4 5 6 7 8 9 10 11 12 13
14 15 16 17 18 19 20 21 22	14 15 16 17 18 19 20 21 22	14 15 16 17 18 19 20 21 22	14 15 16 17 18 19 20 21 22
23 24 25 26 27 28 29 30 31	23 24 25 26 27 28 29 30	23 24 25 26 27 28 29 30 31	23 24 25 26 27 28 29 30 31

septembre	octobre	novembre	décembre
1 2 3 4 5 6 7 8 9 10 11 12 13	1 2 3 4 5 6 7 8 9 10 11 12 13	1 2 3 4 5 6 7 8 9 10 11 12 13	1 2 3 4 5 6 7 8 9 10 11 12 13
14 15 16 17 18 19 20 21 22	14 15 16 17 18 19 20 21 22	14 15 16 17 18 19 20 21 22	14 15 16 17 18 19 20 21 22
23 24 25 26 27 28 29 30	23 24 25 26 27 28 29 30 31	23 24 25 26 27 28 29 30	23 24 25 26 27 28 29 30 31

Note 1: the names of the months in French are always written with a small letter, unless they are the first word in the sentence.

Note 2: the French for 'in' with names of months is *en*: *en février, en juillet* etc.

EXERCICE 4.1

Practise saying the seasons.

Modèle   Ecoutez: La présentation est en février.
             Répondez: Oui, elle est toujours en hiver.

1 La présentation est en février.

2 Le séminaire d'informatique est en juillet.

3 Le Salon international est en avril.

4 La réunion avec les directeurs est en octobre.

EXERCICE 4.2

Listen to Sophie Lambert checking the schedule of events for the coming year. Can you work out when they take place and where?

Manifestation/*Event*	Dates/*Dates*	Lieu/*Venue*
Salon du textile *Textiles Show*		
Séminaire sur le commerce européen *Seminar on European Trade*		
Salon international du prêt-à-porter *International Ready-to-Wear Show*		
Exposition de mode pour enfants *Children's Fashion Show*		
Conférence export *Export Conference*		

EXERCICE 4.3

Practise the months of the year. Listen to the cassette and answer the questions in French, postponing each event by two months.

Modèle   Ecoutez: La présentation des modèles est en décembre?
             Répondez: Non, en février.

1 La présentation des modèles est en décembre?

2 Vous allez à St. Tropez en juillet?

3 Les brochures arrivent en novembre?

4 Le directeur est toujours en déplacement en mars?

5 Le Salon international est en août?

6 Le nouveau directeur arrive en avril?

GRAMMAIRE   *More about dates*

To give a complete date you say, for example:

>   le lundi dix janvier   *Monday 10th January*

Remember to use cardinal numbers (2, 5, 8 etc), except for the first of the month when you use *premier* instead:

>   le lundi premier janvier   *Monday 1st January*

Note that *premier* is usually written *1er* in dates.

EXERCICE 4.4

Using the planner below, work out how to say what you are doing and when, then record it on the cassette.

Modèle Le vendredi 4 (quatre) janvier, je suis à Paris.

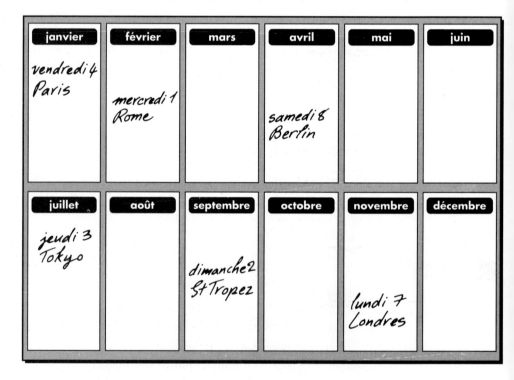

GRAMMAIRE   *Asking questions*

Another useful 'question word' is *quand?* 'when?'. It can be used just like its English equivalent.

>   Quand est la conférence?   *When is the conference?*

But notice also *c'est quand, la conférence?* You will often hear this in conversation.

EXERCICE 4.5

Listen to the cassette and practise asking when something is happening.

Modèle Ecoutez: Je vais à une réunion à Paris.
          Répondez: Ah bon! Quand est la réunion?

EXPANSION

Ecoutez et répétez:

je vous en prie	*please do*
comment allez-vous?	*how are you?*
justement	*exactly, precisely*

Ecoutez le dialogue:

PATRICK GILLET: Ah vous voilà, Mark. Je vous en prie, asseyez-vous. Comment allez-vous?

MARK TAYLOR: Très bien, monsieur, merci. Madame Morand est très aimable et le travail semble très intéressant.

PATRICK GILLET: Eh bien, justement, concernant votre travail, tenez, voici notre brochure pour la saison prochaine. Comme vous voyez, elle montre notre collection d'automne.

MARK TAYLOR: Oui, je vois.

PATRICK GILLET: La présentation des modèles est en février. Elle est vraiment très importante.

MARK TAYLOR: Il y a trois présentations dans l'année?

PATRICK GILLET: Non, dans l'année il y a deux présentations. D'abord en février, et puis en octobre pour la collection de printemps.

EXERCICE 4.6

Practising the seasons. Listen to the cassette and answer the questions by referring to the symbol alongside.

Modèle Ecoutez: Le Salon international est en été?
          Répondez: Non, il est en automne.

1 Le Salon international est en été?

2 Notre présentation est en hiver?

3 Ils vont à Nice au printemps?

4 Le Salon de l'auto est en hiver?

5 Vous êtes en déplacement en automne?

EXERCICE 4.7

Role-playing. Using the guidelines below, discuss with your partner the company's plans for the year.

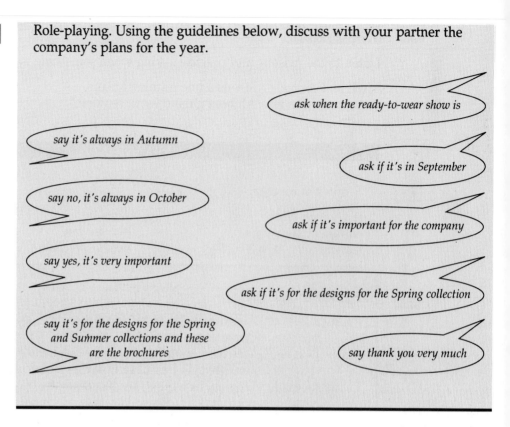

ask when the ready-to-wear show is

say it's always in Autumn

ask if it's in September

say no, it's always in October

ask if it's important for the company

say yes, it's very important

ask if it's for the designs for the Spring collection

say it's for the designs for the Spring and Summer collections and these are the brochures

say thank you very much

Avant de continuer

Before moving on to the next chapter, make sure that you can:

• ask where things are	*où est le dossier?*
• say where things are	*le dossier? il est sur la table* *le classeur est derrière le bureau*
• use numbers from 1 to 10	
• ask when something is taking place	*quand est la réunion?*
• talk about the days of the week	*nous sommes mercredi* *je vais à Paris mardi*
• talk about the months of the year	*c'est en septembre*
• talk about times of day	*ce matin* *lundi après-midi*
• talk about the seasons	*au printemps*
• handle dates	*le mardi huit février*
• talk about your schedule	*j'ai rendez-vous mardi matin* *je suis en déplacement la semaine prochaine*

CHAPITRE TROIS

Le service de marketing

In this chapter you will practise:
- understanding and giving directions
- taking down and giving personal details
- giving and responding to instructions
- making choices
- talking about the time

DIALOGUE 1 *C'est tout droit*

Sylvie Morand fait visiter les locaux à Mark Taylor.

Sylvie Morand shows Mark Taylor around the premises.

Ecoutez et répétez:

venez	come
suivez-moi	follow me
j'arrive	I'm coming
s'il vous plaît	please
vous tournez à gauche	you turn left

Ecoutez le dialogue:

SYLVIE MORAND: Et maintenant la visite des locaux! Venez, Mark. Suivez-moi.
MARK TAYLOR: J'arrive.
SYLVIE MORAND: Ici, au premier étage, il y a le service des ventes. A gauche, c'est le bureau de Monsieur Maroger.
MARK TAYLOR: Je vois.
SYLVIE MORAND: Plus loin, vous avez le reste du service des ventes et au fond, le service de publicité.
MARK TAYLOR: Où est la salle d'informatique, s'il vous plaît?
SYLVIE MORAND: Vous tournez à gauche et c'est tout droit.

A NOTER

le reste du service des ventes 'the rest of the sales department' – notice that *de + le* becomes *du*, and *de + les* becomes *des*.

GRAMMAIRE

Giving directions

Notice these expressions in the dialogue:

à gauche	on the left, to the left
plus loin	further on
tout droit	straight on, straight ahead
au fond	at the (far) end

Here are a few more:

en haut	upstairs	en bas	downstairs
par ici	this way	par là	that way
là-bas	over there	en face	opposite
à droite	on the right	près de	near

Note: be careful not to confuse *à droite* 'on the right' and *tout droit* 'straight on'.

EXERCICE 1.1

Listen to Valérie Lemoine showing a visitor around, and then fill in on the plan below the location of the various places mentioned.

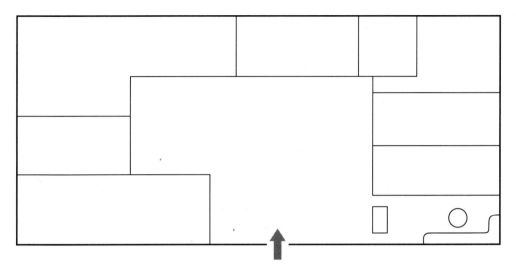

Here are the people mentioned:

Jeannine Delarue   Francis Morin   Madeleine Béquel

And two new words which you can easily guess:

la cafétéria   les toilettes

 EXERCICE 1.2

Giving directions. Listen to the cassette and answer the questions according to the whispered prompts.

Modèle   Ecoutez: Le bureau de Paul Maroger est à gauche? *(à droite)*
Répondez: Non, pour le bureau de Paul Maroger, c'est à droite.

1 Le bureau de Paul Maroger est à gauche? *(à droite)*

2 Le service de publicité est ici? *(plus loin)*

3 Le bureau du directeur du marketing est par ici? *(par là)*

4 Le service des achats est à droite? *(tout droit)*

5 Le bureau du président-directeur général est en haut? *(en bas)*

6 La salle d'informatique est ici? *(au fond)*

GRAMMAIRE   *How to say 'on the ground floor' etc*

Note 1: *au rez-de-chaussée* 'on the ground floor', *au premier étage* 'on the first floor' etc.

Note 2: *étage* is often omitted when the context is clear: *au deuxième* 'on the second floor'.

 EXERCICE 1.3

Look at this location board displayed beside the lift.

2 Service du personnel	Alexandre Vannier	**RC** Service financier	Directeur: Francis Morin Comptable: Madeleine Béquel
Service de publicité	Jacques Bernard		
1 Président-directeur général	Jean Alix	Service des achats	Catherine Leroy
Service de marketing	Patrick Gillet	Service clients	Jeannine Delarue
Service des ventes	Paul Maroger		
Centre d'informatique			

Now help people with their queries. Listen to the tape and reply according to the model.

Modèle Ecoutez: Excusez-moi, mademoiselle, j'ai rendez-vous avec Monsieur Maroger.
Répondez: Monsieur Maroger? C'est au premier étage.

1 Excusez-moi, mademoiselle, j'ai rendez-vous avec Monsieur Maroger.
2 Mademoiselle, le service du personnel, s'il vous plaît?
3 Bonjour. Où est le service des achats, s'il vous plaît?
4 S'il vous plaît, mademoiselle, le bureau du président-directeur général?
5 Bonjour, mademoiselle. C'est pour une réunion avec Monsieur Morin et Madame Béquel.

 EXERCICE 1.4

Now listen to people redirecting visitors. The following expressions will be new to you:

prenez l'ascenseur	*take the lift*
prenez l'escalier	*take the stairs*
montez	*go up*
descendez	*go down*
continuez	*continue, carry on*
avant	*before*
après	*after*

Listen to the tape and fill in the gaps in the text below.

Monsieur Vannier? Ah non, madame, c'est ...., dans le service du personnel. Prenez l'ascenseur, ... et tournez .... C'est le troisième bureau .... dans le corridor, ... la cafétéria.

Le bureau de Madame Jacquemart? Ah je suis désolée, monsieur. C'est au rez-de-chaussée. Prenez ...., descendez, et c'est .... devant vous.

Le centre d'informatique? Bon, pour le centre d'informatique, montez au premier étage, ... à gauche, ... et c'est juste .... le bureau de Monsieur Gillet.

EXERCICE 1.5

Role-playing (work in pairs). Using the plan, play the part of a newcomer being shown around by a member of staff. Use as many of the expressions you have learnt as you can.

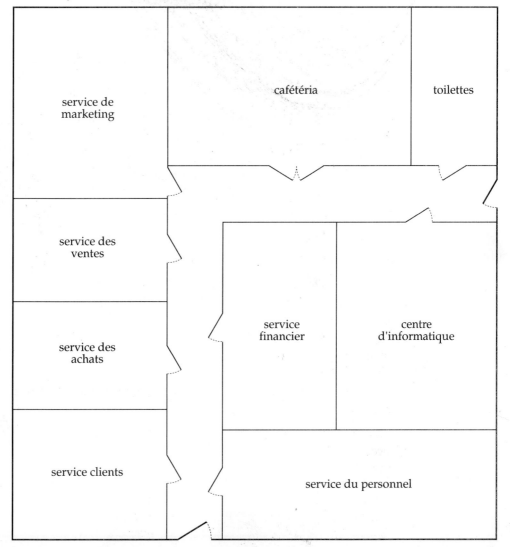

EXPANSION

You are now familiar with various ways of giving directions. See if you can understand them in a different context.

EXERCICE 1.6

You are staying at the Hôtel Le Galion. You ask the receptionist for

la poste	*the post office*
la banque	*the bank*
la pharmacie	*the chemist's*
l'office du tourisme	*the tourism office*

Listen to her directions and locate these places on the map below. Note *vous sortez de . . .* 'you go out of . . .'

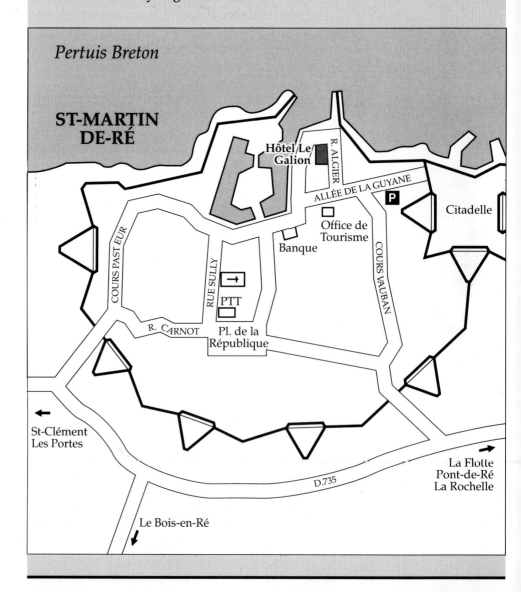

DIALOGUE 2 *J'ai une petite fiche pour vous*

Mark Taylor remplit une fiche.

Mark Taylor fills in a form.

 Ecoutez et répétez:

qu'est-ce que c'est?	*what is it?*
pourquoi?	*why?*
c'est compliqué	*it's complicated*
pas du tout	*not at all*
regardez!	*look!*
pardon!	*sorry!*

 Ecoutez le dialogue:

SOPHIE LAMBERT: Mark, vous avez une voiture, n'est-ce pas?
MARK TAYLOR: Oui.
SOPHIE LAMBERT: Qu'est-ce que c'est?
MARK TAYLOR: Une petite Renault.
SOPHIE LAMBERT: Ah, une voiture française!
MARK TAYLOR: Eh oui!
SOPHIE LAMBERT: Eh bien, j'ai une petite fiche pour vous.
MARK TAYLOR: Une fiche? Pourquoi?
SOPHIE LAMBERT: Pour avoir une place dans le parking.
MARK TAYLOR: Bon . . . C'est compliqué.
SOPHIE LAMBERT: Mais non, pas du tout. Regardez: vous donnez votre nom, votre prénom, votre adresse, et puis vous donnez aussi le numéro d'immatriculation de votre voiture, et le nom du service où vous travaillez. C'est tout. Ah non, pardon! Il y a aussi votre date de naissance.

A NOTER

Most French adjectives come after the noun: *une voiture française* 'a French car'. However, a few common adjectives, such as *grand* 'big', *petit* 'small', usually come before the noun: *un grand parking* 'a large car park', *un petit bureau* 'a small office'.

EXERCICE 2.1

You have arrived in France to spend a training period in the sales department of an electronics company. You have a car and you have found a flat at 5 rue des Glycines in Angoulême. You are not on the phone. Fill in the form below.

SOCIETE LUMER

Nom _____

Prénom(s) _____

Date de naissance _____

Service _____

Numéro d'immatriculation _____

Adresse _____

Numéro de téléphone _____

GRAMMAIRE *Numbers 11–50*

11	onze	18	dix-huit	31	trente et un
12	douze	19	dix-neuf	32	trente-deux
13	treize	20	vingt	40	quarante
14	quatorze	21	vingt et un	41	quarante et un
15	quinze	22	vingt-deux	42	quarante-deux
16	seize	30	trente	50	cinquante
17	dix-sept				

EXERCICE 2.2

A researcher is conducting a market survey and takes down some details about the people he is interviewing. Listen to the dialogues and make notes.

Nom		
Prénom		
Nationalité		
Age		
Marié(e)		
Enfants		
Profession		

Ordinateur
  personnel
  professionnel
  date d'achat
  satisfait(e)		

EXERCICE 2.3

At an exhibition somebody is asking at the information desk about stands they are trying to locate. Listen and fill in the form below.

SOCIETE	STAND NO.
Société Ignis	
Société Lumer	
Éts. Albert	
Société Boréal	
Société Equinoxe	

EXERCICE 2.4

Saying numbers. Put somebody right about the staff at Equinoxe. Study the organisation chart of the company, listen to the cassette and then answer the questions.

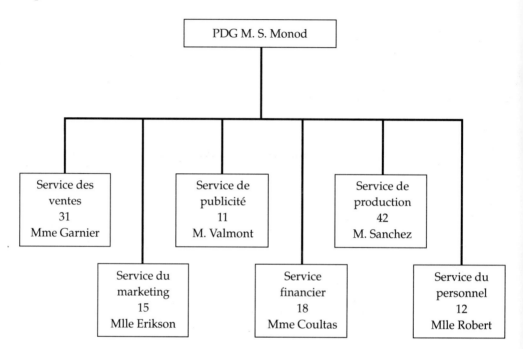

Modèle   Ecoutez: Dans le service de Mme Garnier, il y a trente-cinq employés, je crois?
Répondez: Non, trente et un.

1 Dans le service de Mme Garnier, il y a trente-cinq employés, je crois?

2 Ah bon! Et dans le service de Mme Coultas, le service financier, il y a seize personnes?

3 Ah. Mais le service de marketing, le service de Mlle Erikson, emploie aussi dix-huit personnes?

4 Tiens! Alors, chez Mlle Robert, dans le service du personnel, il y a bien quatorze employés?

5 Ah bon . . . mais pour le service de production, c'est bien quarante-sept employés?

6 Non? Et pour la publicité alors, vous employez bien quinze personnes?

GRAMMAIRE   *Agreement of adjectives 1*

In French, nouns are either masculine or feminine: *le bureau, la voiture.* An adjective, a word which describes a noun or a pronoun (e.g. *grand* 'big', *petit* 'small'), must normally change its ending if the noun it describes is not masculine singular. If the noun is feminine singular, the commonest way for an adjective to change its ending is by adding *–e*:

une grand**e** voiture   *a big car*
une petit**e** table   *a small table*
une réunion important**e** *an important meeting*

If the adjective already ends in *–e* (e.g. *agréable*), it does not change its ending when describing a feminine singular noun:

une semaine agréable   *a pleasant week*

EXERCICE 2.5

In the following passage, underline the adjectives. There are seven altogether.

Jacqueline est anglaise. Elle travaille comme chef de service pour une grande société suisse. Elle est toujours en déplacement, mais c'est normal. Lundi elle a un rendez-vous très important avec un nouveau fournisseur et mardi il y a une réunion intéressante du comité d'entreprise.

Now make a list of the feminine adjectives. How many are there? How many have changed their ending? How many have stayed the same?

EXERCICE 2.6

Do you need to make any changes to these adjectives?

1 Peter est .... (anglais)

2 La collection est .... (excellent)

3 C'est une lettre .... (intéressant)

4 Juanita est .... (espagnol)

5 La photocopieuse est .... (fragile)

6 Le weekend est .... (agréable)

7 La présentation est très .... (important)

8 C'est une société .... (suisse)

EXPANSION

You are starting work as a marketing assistant. You need to be issued with an ID tag (*une plaque d'identité*). You go and see Mme Gauthier in Personnel to give your details. Listen to the sample conversation on the tape, then working in pairs, do the same with your partner.

Note: *vous commencez à travailler quand?* 'when do you start work?'

After listening to the dialogue you should be able to fill in the following form:

SOCIETE JAMALEX SA

| SERVICE DU PERSONNEL | FICHE D'IDENTITE |

NOM:
PRENOM:
AGE:
NATIONALITE:
SERVICE:
ADRESSE:
TELEPHONE:
NUMERO DE VEHICULE:

PLAQUE D'IDENTITE DELIVREE LE _____
PAR _____

DIALOGUE 3 *Ça marche comment?*

Sylvie Morand montre à Mark comment utiliser la photocopieuse.

Sylvie Morand shows Mark how to use the photocopier.

Ecoutez et répétez:

j'ai besoin de photocopies	*I need photocopies*
pas de problème	*no problem*
combien?	*how many?*
c'est urgent	*it's urgent*
la photocopieuse marche comment?	*how does the photocopier work?*
venez voir	*come and see*
c'est très facile	*it's very easy*
ça semble compliqué	*it seems complicated*
vous faites comme ça	*you do this*

Ecoutez le dialogue:

MARK TAYLOR:	Sylvie, j'ai besoin de photocopies.
SYLVIE MORAND:	Pas de problème. Combien?
MARK TAYLOR:	Quatre copies, de deux documents différents. C'est urgent. La photocopieuse marche comment?
SYLVIE MORAND:	Eh bien, venez voir. C'est très facile.
MARK TAYLOR:	J'arrive . . . Ça semble compliqué.
SYLVIE MORAND:	Mais non, pas du tout. Regardez. Pour faire des photocopies ordinaires, vous faites comme ça. Vous mettez votre carte là, vous placez votre document ici, vous appuyez sur le bouton et la copie arrive ici.

A NOTER

avoir besoin de 'to need' (literally 'to have need of'): to use this verb, simply adapt the verb *avoir* as appropriate (see Chapter 1): *j'ai besoin d'un stylo* 'I need a pen', *vous avez besoin de quelque chose?* 'do you need something?'.

EXERCICE 3.1

Complain about inadequate equipment. Listen to the tape and reply according to the English prompts.

- Vous êtes combien dans votre bureau?
- *Say there are four of you*
- Vous êtes satisfaits?
- *Say no, not at all*
- Ah bon?
- *Say that you need a lot of things, and your three colleagues as well*
- Par exemple?
- *Say that you need a fax*
- Et vos collègues?
- *Say that Jacqueline needs a computer*
- C'est tout?
- *Say that Jean-Marc and Laure need filing cabinets*
- Et maintenant, c'est tout?
- *Say yes, for this week!*

GRAMMAIRE

Agreement of adjectives 2

Most adjectives change their ending when describing a feminine singular noun. The same applies when they describe a plural noun, both masculine and feminine. In most cases they add *–s* if the noun is masculine plural and *–es* if the noun is feminine plural:

deux documents différents	*two different documents*
trois brochures différentes	*three different brochures*

Note: if the adjective already ends in *–e* it simply adds *–s* for both masculine and feminine plural nouns:

deux documents simple**s**   *two simple documents*
trois semaines agréable**s**   *three pleasant weeks*

If the adjective already ends in *–s* (e.g. *anglais, français*), it does not change for masculine plural nouns but it adds *–es* for feminine plural nouns:

deux clients anglais   *two English customers*
trois voitures françois**es**   *three French cars*

EXERCICE 3.2

Making adjectives agree. Listen to the cassette and fill in the gaps in the sentences below.

1 Les présentations sont ....

2 J'ai deux dossiers ....

3 Où sont les .... brochures?

4 Les documents sont ....

5 Les weekends sont toujours très ....

6 Elle apporte trois lettres ....

7 Les photocopieuses sont vraiment ....

8 Les directeurs sont ....

GRAMMAIRE   *faire* – to do, to make

je fais	*I do, make*	nous faisons	*we do, make*
tu fais	*you do, make*	vous faites	*you do, make*
il fait	*he does, makes*	ils font	*they* (m) *do, make*
elle fait	*she does, makes*	elles font	*they* (f) *do, make*

EXERCICE 3.3

Practising *faire*. Listen to the cassette and answer the questions according to the model.

Modèle   Ecoutez: Michel fait une présentation demain. Et vous?
          Répondez: Oui, je fais une présentation.

1 Michel fait une présentation demain. Et vous?

2 Martine fait un stage cette année. Et Jacques?

3 Je fais beaucoup de photocopies. Martine et Jean aussi?

4 Le directeur fait une visite ici demain. Et Monsieur Gillet?

5 Pierre fait un séminaire d'informatique. Anne et Charles aussi?

GRAMMAIRE   *mettre* – to put

je mets	*I put*	nous mettons	*we put*
tu mets	*you put*	vous mettez	*you put*
il met	*he puts*	ils mettent	*they* (m) *put*
elle met	*she puts*	elles mettent	*they* (f) *put*

EXERCICE 3.4

Practising *mettre*. Modify the following sentence:

Je mets toujours les dossiers dans le classeur.

1 Et Catherine?

2 Et Marc et Henri?

3 Et Sylvie et vous?

4 Et Sophie et Valérie?

EXERCICE 3.5

Practising *mettre*. Listen to the tape and write the appropriate forms of *mettre* in the gaps below.

1 Nous .... les documents dans le classeur.

2 Elle .... le courrier à côté du téléphone.

3 Vous .... les lettres sur le bureau.

4 Je .... le stylo sur votre table.

5 Ils .... les photocopies dans le tiroir.

EXERCICE 3.6

Using the phrases below, explain to a colleague how to use the fax overleaf.

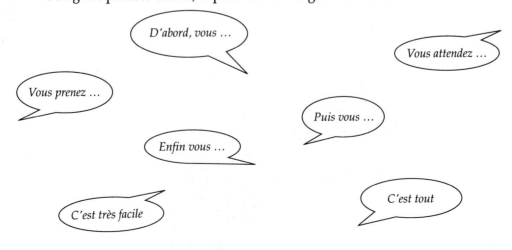

D'abord, vous …

Vous attendez …

Vous prenez …

Puis vous …

Enfin vous …

C'est très facile

C'est tout

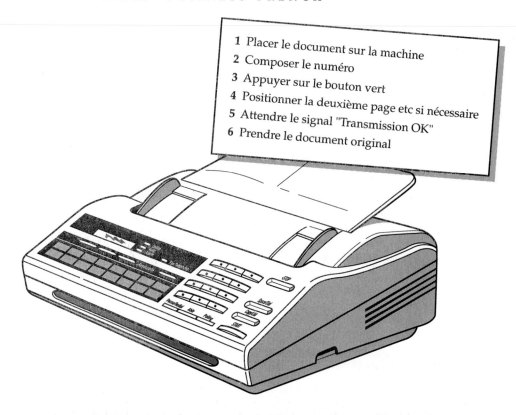

1 Placer le document sur la machine
2 Composer le numéro
3 Appuyer sur le bouton vert
4 Positionner la deuxième page etc si nécessaire
5 Attendre le signal "Transmission OK"
6 Prendre le document original

EXPANSION

EXERCICE 3.7

Paul Maroger is giving instructions to Sophie Lambert. She acknowledges them in different ways. Listen to the dialogue, and number the order in which you hear these phrases.

Here are a few words which you have not come across yet:

réserver une chambre	*to book a room*
que dois-je faire?	*what must I do?*
c'est noté	*I've made a note of it*

- ☐ bien entendu

- ☐ c'est noté

- ☐ certainement

- ☐ d'accord

- ☐ très bien

- ☐ bien sûr

- ☐ que dois-je faire?

DIALOGUE 4 *C'est l'heure du déjeuner*

Sophie et Valérie vont déjeuner. Mark hésite.

Sophie and Valérie are going to lunch. Mark hesitates.

Ecoutez et répétez:

il est midi	*it's 12 o'clock (midday)*
c'est l'heure du déjeuner	*it's lunchtime*
je n'ai pas très faim	*I'm not very hungry*
je ne crois pas	*I don't think so*

Ecoutez le dialogue:

SOPHIE LAMBERT:	Il est midi. C'est l'heure du déjeuner. Mark, vous préférez aller à la cantine ou au restaurant? La cantine est très bien, mais il y a un petit restaurant agréable à côté.
MARK TAYLOR:	Merci, je n'ai pas très faim.
SOPHIE LAMBERT:	Vous n'avez pas faim? Vous êtes malade?
MARK TAYLOR:	Oh non, je ne crois pas. Il y a des sandwiches à la cantine?
SOPHIE LAMBERT:	Oui. Et ils sont très bons.
MARK TAYLOR:	Ils ont des sandwiches au jambon?
SOPHIE LAMBERT:	Au jambon, au fromage, au pâté, tout. Venez avec nous!
MARK TAYLOR:	Bon, d'accord. J'arrive.

A NOTER   *avoir faim* – 'to be hungry': notice that the French means literally 'to have hunger' and you must always use the verb *avoir* when talking about being hungry. Other similar expressions are:

avoir soif	*to be thirsty*
avoir chaud	*to be hot*
avoir froid	*to be cold*

GRAMMAIRE *Negatives*

To make a verb negative in French you put *ne* in front of it and *pas* after it. If *ne* comes immediately before *a, e, i, o* or *u* it changes to *n'*.

j'ai faim ⟶ je n'ai pas faim
I'm hungry *I'm not hungry*

nous travaillons ⟶ nous ne travaillons pas
we are working *we are not working*

vous allez à Paris ⟶ vous n'allez pas à Paris
you're going to Paris *you're not going to Paris*

EXERCICE 4.1

Practising negatives. Listen to the tape and answer the questions according to the model.

Modèle Ecoutez: Vous avez faim?
Répondez: Non, je n'ai pas faim aujourd'hui.

1 Vous avez faim?

2 Elles travaillent?

3 Nous allons à Bordeaux?

4 Vous parlez au directeur?

5 Il visite le Salon de l'auto?

EXERCICE 4.2

Jumbled sentences. Rearrange the words in the correct order.

1 pas bureau stagiaire ne nouveau au le va

2 des pas déplacement le achats est chef n' en

3 n' faim réceptionniste a très pas la

4 bien marche pas fax très le ne

5 ordinateur avons pas un nous besoin n' d'

GRAMMAIRE *Telling the time using the 24-hour clock*

The 24-hour clock is used for train and airline timetables, but also increasingly in business in order to avoid confusion.

quelle heure est-il? *what time is it?*
il est 17 heures *it's 5 o'clock*
il est 15 heures 30 *it's half past three*
il est 12 heures 45 *it's a quarter to one*

EXERCICE 4.3

Listen to Patrick Gillet checking his schedule with Sylvie Morand, and fill in the times in the diary below.

Note: *c'est à quelle heure?* 'it's at what time?'

mardi	mercredi
notes	notes

 EXERCICE 4.4

Quelle heure est-il?

Practise reading out these times, checking your answer against the tape.

16:00 09:30 21:45 06:03

18:20 20:47 23:00 17:29

EXPANSION

 Ecoutez et répétez:

le temps passe vite	*time goes quickly*
je ne sais pas	*I don't know*
bien sûr	*of course*
je voudrais simplement un sandwich	*I'd just like a sandwich*

Ecoutez le dialogue:

SOPHIE LAMBERT: Tiens! il est midi, déjà! Le temps passe vite.
MARK TAYLOR: Oui, toujours quand on travaille.
SOPHIE LAMBERT: C'est l'heure du déjeuner. Mark, vous préférez aller à la cantine ou au restaurant?
MARK TAYLOR: Je ne sais pas. Je n'ai pas très faim.
SOPHIE LAMBERT: Vous n'avez pas faim? Vous êtes malade?
MARK TAYLOR: Oh non, je ne crois pas. Ecoutez, je voudrais simplement un sandwich. Il y a des sandwiches à la cantine?
SOPHIE LAMBERT: Mais oui, bien sûr. Et ils sont très bons.
MARK TAYLOR: Ils ont des sandwiches au jambon?
SOPHIE LAMBERT: Au jambon, au fromage, au pâté, tout. Alors, on va à la cantine?
MARK TAYLOR: Bon, d'accord. J'arrive.

A NOTER

on – this is the equivalent of the English 'one' in sentences such as 'one can never be sure'. However, the French *on* is much more commonly used than its English equivalent and is very frequently used instead of *nous* or *vous*: *on va à la cantine?* 'shall we go to the canteen?', *quand on travaille* 'when you're working'. It is always followed by the il/elle form of the verb.

EXERCICE 4.5

Making choices. With a partner, imagine that you are going for lunch in the staff canteen. Using the guidelines below, practise the conversation you might have.

- say it's lunchtime
- say yes, it's 12 o'clock, time goes quickly
- say you're hungry, ask if you and your partner are going to the canteen
- say yes, we'll go to the canteen
- (à la cantine) say that you (stress the 'you') would just like a sandwich
- ask: a ham sandwich, a cheese sandwich, or a pâté sandwich?
- say you'd like a ham sandwich, you think, ask: what about you?
- say you're not very hungry but you'd like a small cheese sandwich
- say: a small cheese sandwich? are you ill?
- say no, you don't think so, but you feel cold
- say: that's it, you're ill!

EXERCICE 4.6

Saying what people prefer. Listen to the tape and answer the questions according to the prompts below.

Modèle   Ecoutez: Ingrid et Jean-Louis préfèrent les Mercedes ou les Peugeot?
            Répondez: Ingrid et Jean-Louis? Ils préfèrent les Peugeot.

1 Ingrid et Jean-Louis *(Peugeot)*

2 Franck *(Citroën)*

3 Marie *(Ford)*

4 Sandrine *(Renault)*

5 Patrick et Sylvie *(Volvo)*

Avant de continuer

Before moving on to the next chapter, make sure that you can:

• give simple directions	*c'est tout droit* *c'est au premier étage* *vous tournez à gauche*
• give personal details	*je suis marié* *je suis directeur des ventes*
• give simple instructions	*vous faites comme ça* *vous composez le numéro*
• say what you need	*j'ai besoin d'un fax*
• say what you prefer	*je préfère un sandwich au jambon*
• say what you are not doing	*je ne vais pas à Paris* *il ne travaille pas samedi*
• tell the time using the 24-hour clock	*la réunion est à 16.05*
• handle numbers 11–50	
• understand the agreement of adjectives	*trois brochures différentes*

CHAPITRE QUATRE

Vous désirez?

In this chapter you will practise:
- expressing wishes
- telephoning
- ordering supplies
- making travel arrangements

DIALOGUE 1 *Je vais faire des courses*

Sylvie Morand fait des courses pendant l'heure du déjeuner

Sylvie Morand does some shopping during the lunch hour

Ecoutez et répétez:

je vais faire des courses	*I'm going to do some shopping*
vous désirez?	*what would you like?, can I help you?*
je voudrais deux baguettes	*I'd like two baguettes*
et avec ça?	*anything else?*
cela fait quarante-neuf francs	*that comes to 49 francs*
je vais prendre une tarte	*I'll have a tart*

Ecoutez le dialogue:

SYLVIE MORAND: Je vais faire des courses.
(chez le boulanger)
LE BOULANGER: Bonjour, madame. Vous désirez?
SYLVIE MORAND: Bonjour, monsieur. Je voudrais deux baguettes, s'il vous plaît.
LE BOULANGER: Voilà. Et avec ça?
SYLVIE MORAND: Je vais prendre une tarte aux pommes, je pense.
LE BOULANGER: Une tarte aux pommes, voilà.
SYLVIE MORAND: Et puis, je vais prendre aussi quatre petits gâteaux pour mes collègues.
LE BOULANGER: C'est tout?
SYLVIE MORAND: Oui.
LE BOULANGER: Alors, ça fait quarante-neuf francs vingt-cinq, madame.

A NOTER

je voudrais deux baguettes 'I'd like two baguettes': *je voudrais . . .* is a frequently used and polite way of saying what you would like:

je voudrais l'adresse de M. Garnier, s'il vous plaît   *I would like Mr Garnier's address, please*

je voudrais téléphoner à Paris   *I'd like to phone Paris*

GRAMMAIRE

Saying what you are going to do

As in English, the easy way of talking about the future in French is to use the verb *aller* 'to go' with the appropriate infinitive:

je vais faire des courses	*I'm going to do some shopping*
nous allons travailler	*we are going to work*
elle va apporter le courrier	*she's going to bring the mail*

Remember that in negative sentences *ne* and *pas* go around the verb *aller*:

nous n'allons pas travailler	*we're not going to work*

EXERCICE 1.1

Listen to the cassette and answer according to the model and the whispered prompts.

Modèle   Ecoutez: Nous travaillons aujourd'hui? *(demain)*
Répondez: Non, nous allons travailler demain.

1 Nous travaillons aujourd'hui? *(demain)*

2 Valérie arrive aujourd'hui? *(mardi)*

3 Ils visitent Paris aujourd'hui? *(vendredi)*

4 Elle apporte les dossiers aujourd'hui? *(lundi)*

5 Vous téléphonez à M. Dumas aujourd'hui? *(jeudi)*

EXERCICE 1.2

Describe what you are going to do using *aller* plus the infinitive of the appropriate verb.

Modèle   Lundi je vais parler à Patrick Gillet.

JUIN		JUIN
lundi *préparer brochure*		vendredi *téléphoner à Pierre*
mardi *travailler avec Louise*		samedi *aller au cinéma*
mercredi *visiter le salon*		dimanche *déjeuner avec Monique*
jeudi *examiner dossiers*		notes

Now listen to the recorded version, repeating each phrase in the gaps provided.

EXERCICE 1.3

You have gone to the cafeteria to get something for lunch and your colleague has asked you to get her lunch as well. You have jotted down what you want on a scrap of paper. Now answer the questions on the tape in the gaps provided, using *je voudrais ....*

1 ham sandwich
1 cheese croissant
1 coke
1 orange juice

SANDWICHES AU FROMAGE	12F
JAMBON	
PÂTÉ	
SAUCISSON	
CROISSANTS AU FROMAGE	14F
JAMBON	
QUICHE LORRAINE	16F
PIZZA	12F
EAU MINÉRALE	8F50
COCA	8F50
JUS D'ORANGE	7F50

EXERCICE 1.4

Working out how much things cost. Listen to the tape and then, referring to the cafeteria board above, give your answer in the gaps provided. Stop the tape if necessary in order to work out the sums.

Modèle   Ecoutez: Je voudrais un sandwich au fromage et une eau minérale, s'il vous plaît.

Répondez: Cela fait vingt francs cinquante.

1 Je voudrais un sandwich au fromage et une eau minérale, s'il vous plaît.

2 Je vais prendre un croissant au jambon et un jus d'orange, s'il vous plaît.

3 Donnez-moi une quiche lorraine et un coca, s'il vous plaît.

4 Je voudrais deux sandwiches au pâté et deux jus d'orange, s'il vous plaît.

5 Je vais prendre un croissant au fromage, un croissant au jambon et une eau minérale, s'il vous plaît.

EXPANSION

Ecoutez et répétez:

à tout à l'heure	*see you later*
je voudrais un dessert pour ce soir	*I'd like a dessert for this evening*
il y a autre chose?	*is there anything else?*

Ecoutez le dialogue:

SYLVIE MORAND: Je vais faire des courses. A tout à l'heure.
(chez le boulanger)
LE BOULANGER: Bonjour, madame. Vous désirez?
SYLVIE MORAND: Bonjour, monsieur. Je voudrais deux baguettes, s'il vous plaît.
LE BOULANGER: Voilà. Et avec ça?
SYLVIE MORAND: Alors, je voudrais un dessert pour ce soir . . . Je vais prendre une tarte aux pommes, je pense.
LE BOULANGER: Une tarte aux pommes, voilà. Il y a autre chose?
SYLVIE MORAND: Vous avez des petits gâteaux?
LE BOULANGER: Oui.
SYLVIE MORAND: Alors, je vais en prendre quatre pour mes collègues. Et c'est tout.
LE BOULANGER: C'est tout? Alors, ça fait quarante-neuf francs vingt-cinq, madame.

A NOTER

je vais en prendre quatre 'I'll have four (of them)': if you do not want to repeat a noun after a number, you can replace the noun with *en*:

> Vous prenez quatre gâteaux?   Non, j'en prends cinq.

EXERCICE 1.5

On the cassette you will hear someone asking you how many items you will have. Answer in the gaps provided according to the whispered prompts.

Modèle Ecoutez: Vous prenez trois sandwiches? *(4)*
          Répondez: Non, j'en prends quatre.

1 Vous prenez trois sandwiches? *(4)*

2 Vous prenez un coca? *(2)*

3 Vous prenez cinq croissants? *(6)*

4 Vous prenez deux jus d'orange? *(3)*

5 Vous prenez quatre quiches? *(5)*

DIALOGUE 2 *C'est pour l'appartement*

Mark Taylor téléphone pour trouver un appartement.

Mark Taylor telephones about a flat.

Ecoutez et répétez:

c'est pour l'appartement	*it's about the flat*
il est encore à louer?	*is it still to let?*
je peux visiter peut-être?	*perhaps I can see it?*
je préfère venir ce soir	*I prefer to come this evening*
si c'est possible	*if that's possible*
à ce soir donc	*I'll see you this evening then*

Ecoutez le dialogue:

VOIX AU TÉLÉPHONE:	Allô oui?
MARK TAYLOR:	Bonjour, monsieur. Je m'appelle Mark Taylor. C'est pour l'appartement.
VOIX AU TÉLÉPHONE:	Ah oui. Le studio.
MARK TAYLOR:	Oui, c'est ça. Il est encore à louer?
VOIX AU TÉLÉPHONE:	Oui, oui, il est libre.
MARK TAYLOR:	Je peux visiter peut-être?
VOIX AU TÉLÉPHONE:	Mais bien sûr.
MARK TAYLOR:	Je préfère venir ce soir, si c'est possible.
VOIX AU TÉLÉPHONE:	Ce soir, d'accord. Vingt heures, par exemple?
MARK TAYLOR:	Très bien. A ce soir donc. Au revoir.
VOIX AU TÉLÉPHONE:	Au revoir, monsieur.

A NOTER   *je m'appelle Mark Taylor* 'my name is Mark Taylor' (literally 'I call myself . . .'): this is a frequent way of telling somebody your name the first time you make contact.

GRAMMAIRE   *pouvoir* – to be able

je peux	*I can, I am able*	nous pouvons	*we can, we are able*
tu peux	*you can, you are able*	vous pouvez	*you can, you are able*
il peut	*he can, he is able*	ils peuvent	*they can, they are able*
elle peut	*she can, she is able*	elles peuvent	*they can, they are able*

Note: *pouvoir* is usually followed by an infinitive: *je peux **venir** ce soir?* 'can I **come** this evening?'.

In the negative, *ne* and *pas* go around the *pouvoir* form: *je **ne** peux **pas** venir ce soir* 'I can't come this evening'.

EXERCICE 2.1

Listen to the following sentences on the cassette and fill in the appropriate form of *pouvoir* in the gaps.

1 Vous .... préparer la brochure, s'il vous plaît?

2 Elle ne .... pas téléphoner à Madrid.

3 Nous .... parler au directeur de marketing?

4 Je ne .... pas travailler demain.

5 Ils .... commencer lundi.

6 Tu ne .... pas venir aujourd'hui?

EXERCICE 2.2

Listen to the cassette and ask the appropriate question according to the model.

Modèle   Ecoutez: Désolé, je ne peux pas venir lundi.
             Répondez: Alors, vous pouvez peut-être venir mardi?

1 Désolé, je ne peux pas venir lundi.

2 Désolé, ils ne peuvent pas commencer mardi.

3 Désolé, nous ne pouvons pas travailler mercredi.

4 Désolé, elles ne peuvent pas arriver jeudi.

5 Désolé, ils ne peuvent pas téléphoner vendredi.

EXERCICE 2.3

Listen to the recording and answer the questions according to the model.

Modèle   Ecoutez: Vous pouvez venir lundi?
             Répondez: Je préfère venir mercredi, si c'est possible.

1 Vous pouvez venir lundi?

2 Vous pouvez commencer mardi?

3 Vous pouvez travailler mercredi?

4 Vous pouvez téléphoner jeudi?

5 Vous pouvez arriver vendredi?

 EXERCICE 2.4

Work out what the advertisement says, referring to the glossary at the back of the book if necessary. Now listen to the tape and respond according to the guidelines below.

- 46 11 37 25, allô.
- *Say good evening, say who's speaking, and say you're phoning about the flat.*
- Ah oui, pour le studio?
- *Say that's right and ask if it's still free.*
- Oui, oui, il est libre.
- *Ask if you can see it.*
- Bien entendu. Quand?
- *Suggest tomorrow evening.*
- Très bien.
- *After 7 p.m.?*
- D'accord.
- *Say thank you and goodbye.*

EXPANSION

Ecoutez et répétez:

je voudrais parler à M. Roland	*I would like to speak to Mr Roland*
un instant	*one moment*
ne quittez pas	*hold the line*
je vous le passe	*I'm putting you through (to him)*
cela vous convient?	*does that suit you?*
nous disons donc 17 h 30	*we'll say 5.30 then*

Ecoutez le dialogue:

VOIX AU TÉLÉPHONE:	Agence Saint-François, bonjour!
MARK TAYLOR:	Bonjour, madame. Je voudrais parler à Monsieur Hervé Roland, s'il vous plaît.
VOIX AU TÉLÉPHONE:	Un instant, ne quittez pas. Je vous le passe.
HERVÉ ROLAND:	Allô, Hervé Roland.
MARK TAYLOR:	Bonjour, monsieur. Je m'appelle Mark Taylor, je suis stagiaire à la société Jamalex. Je voudrais un appartement dans le centre ville.
HERVÉ ROLAND:	Un appartement pour une personne?
MARK TAYLOR:	Oui, c'est ça.
HERVÉ ROLAND:	Pas de problème, nous avons des studios.
MARK TAYLOR:	Je peux venir à l'agence?
HERVÉ ROLAND:	Mais bien sûr. Cet après-midi, cela vous convient?
MARK TAYLOR:	Oui, mais pas avant 17 h 30.
HERVÉ ROLAND:	Très bien. Nous disons donc 17 h 30. A ce soir!
MARK TAYLOR:	Au revoir, monsieur.

A NOTER

allô is the usual word for 'hello' when answering the telephone, but not in any other circumstances.

EXERCICE 2.5

Now listen to a similar dialogue on the cassette. Put ticks in the grid below in order to show who says which phrases.

	Receptionist	Christine Caron	James Lidster
je vous la passe			
vous louez des appartements, je crois?			
un studio, alors?			
c'est combien?			
16 h, cela vous convient?			
pouvez-vous répéter votre nom?			
nous disons donc aujourd'hui 16 h			

DIALOGUE 3 *Il nous faut du papier*

Sophie Lambert passe une commande.

Sophie Lambert places an order.

Ecoutez et répétez:

il nous faut du papier	*we need (some) paper*
c'est urgent	*it's urgent*
je vais passer une commande	*I'll put in an order*

Ecoutez le dialogue:

SOPHIE LAMBERT: Sylvie, il nous faut du papier?

SYLVIE MORAND: Oui, pour la photocopieuse. C'est urgent!

SOPHIE LAMBERT: Bon, je vais passer une commande. D'habitude, nous prenons soixante-dix paquets, n'est-ce pas?

SYLVIE MORAND: Oui. Mais il nous faut aussi des feutres, du scotch et des disquettes.

SOPHIE LAMBERT: Donc, je vais commander soixante-dix paquets de papier, soixante feutres, douze rouleaux de scotch et puis cent disquettes.

A NOTER   *il me faut* . . . 'I need', *il nous faut* . . . 'we need' (literally: 'it is necessary to me', 'it is necessary to us'): this is another way of saying what you need and can be used instead of *j'ai besoin de* . . . *nous avons besoin de* . . . .

GRAMMAIRE   *How to say 'some paper', 'some pens'*

(m. sing.) du papier   *some paper*
(f. sing.) de la concurrence   *some competition*
(m. pl.) des feutres   *some felt-tip pens*
(f. pl) des disquettes   *some disks*

Note 1: if a singular noun begins with a vowel, *du* or *de la* changes to *de l'*: *de l'argent* '(some) money'.

Note 2: in English, 'some' can often be left out, but French *du, de la, de l'* and *des* must always go in.

Note 3: in questions, English 'some' changes to 'any' ('have you any paper?'), but the French remains the same (*vous avez du papier?*)

EXERCICE 3.1

Fill in the appropriate form *du, de la, de l'* or *des* in the gaps below.

1 J'ai .... amis à Lyon.

2 Il y a .... courrier pour le chef des achats.

3 Vous avez .... argent?

4 Il nous faut .... brochures.

5 Ils ont .... travail aujourd'hui?

6 Nous avons .... papier et .... scotch.

7 Il y a .... stagiaires dans le service de marketing.

8 Je voudrais .... fromage, s'il vous plaît.

GRAMMAIRE   *Numbers 51–100*

51	cinquante et un	80	quatre-vingts
52	cinquante-deux	81	quatre-vingt-un
60	soixante	82	quatre-vingt-deux
61	soixante et un	90	quatre-vingt-dix
62	soixante-deux	91	quatre-vingt-onze
70	soixante-dix	92	quatre-vingt-douze
71	soixante et onze	99	quatre-vingt-dix-neuf
72	soixante-douze	100	cent
79	soixante-dix-neuf		

EXERCICE 3.2

Listen to the recording and fill in the gaps in the form below.

Note: c'est combien?   *how much is it?*
          c'est combien le paquet?   *how much is it per packet?*

BON DE COMMANDE

Date: _____

Numéro: _____

Nom: _____

Article	Réf	Quantité	Prix
papier			
disquettes			
feutres			
		Total	

Société Planot
•
42 avenue des Colonnes, 17410 Saint Martin Tel: 65 77 82 39

EXERCICE 3.3

Now listen to the cassette again, and in your answers increase the number you hear by five.

Modèle Ecoutez: Il nous faut quatre-vingts brochures?
Répondez: Non, quatre-vingt-cinq.

1 Il nous faut .... brochures?

2 Le service a .... ordinateurs?

3 Nous avons .... fournisseurs différents?

4 Il y a .... photocopies sur la table?

5 Il nous faut .... documents?

EXERCICE 3.4

Telephone numbers in French are said in groups of two.

Listen to the recording and write down the telephone numbers you hear.

Nom	Numéro de téléphone
M. Michard	
Société Bernard	
Louise Lagarde	
Etablissements Nadouce	
Jean Martin	

EXERCICE 3.5

Now practise saying telephone numbers yourself. Listen to someone who has got the wrong number and then, using the model below, say what your number is by transposing the last two pairs.

Modèle   Ecoutez: Allô, c'est le 46 62 30 27?
            Répondez: Ah non, c'est le 46 62 27 30.

1 Allô, c'est le 46 62 30 27?

2 Allô, c'est le 18 15 26 32?

3 Allô, c'est le 31 35 14 50?

4 Allô, c'est le 63 88 55 43?

5 Allô, c'est le 74 96 13 31?

EXPANSION

Ecoutez et répétez:

il n'y en a plus	*there isn't any more*
ça suffit?	*is that enough?*
prenez des disquettes	*get some disks*
il y a autre chose?	*is there anything else?*
je ne pense pas	*I don't think so*
c'est tout	*that's all*

Ecoutez le dialogue:

SOPHIE LAMBERT: Sylvie, il nous faut du papier?

SYLVIE MORAND: Oui, pour la photocopieuse. Il n'y en a plus. C'est urgent.

SOPHIE LAMBERT: Bon, je vais passer une commande. D'habitude, nous prenons soixante-dix paquets, n'est-ce pas? Ça suffit?

SYLVIE MORAND: Oh oui, je crois. Mais il nous faut aussi des feutres. Et puis, prenez du scotch et des disquettes.

SOPHIE LAMBERT: D'accord. Donc, je vais commander soixante-dix paquets de papier, soixante feutres, douze rouleaux de scotch et puis cent disquettes. Il y a autre chose?

SYLVIE MORAND: Non, je ne pense pas. C'est tout.

A NOTER

il n'y en a plus can refer to either singular or plural things and can therefore mean either 'there isn't any more' or 'there aren't any more'.

GRAMMAIRE

prendre – to take

je prends	*I take*	nous prenons	*we take*
tu prends	*you take*	vous prenez	*you take*
il prend	*he takes*	ils prennent	*they take*
elle prend	*she takes*	elles prennent	*they take*

Note: this verb normally has the sense of the English verb 'to take', but it can also sometimes mean 'to have': *nous prenons le petit déjeuner à 8 h* 'we have breakfast at 8'; *d'habitude, nous prenons 50 paquets* 'we usually have 50 packets'.

EXERCICE 3.6

You need to place an order and telephone your usual supplier, Planot. With your partner, prepare and practise the telephone conversation using the guidelines below.

say hello, and ask if you can place an order please

say hello, and give the name of the company

say you need some paper

say yes, of course

say yes, that's right

ask if it's for the photocopier

say yes, but you'll have 40 packets today

say the caller usually has 30 packets, doesn't s/he

say yes, you'll have 25 felt-tip pens, 10 rolls of adhesive tape and 50 computer disks

ask if there's anything else

say no, you don't think so

say that's fine, ask if there's anything else

say thank you, goodbye

say thank you very much, goodbye

DIALOGUE 4 *Vous voulez faire une réservation?*

Valérie Lemoine prend des dispositions pour partir en voyage.

Valérie Lemoine makes some travel arrangements.

Ecoutez et répétez:

je peux vous aider?	*can I help you?*
vous prenez l'avion ou le bateau?	*are you going by plane or by boat?*
c'est pour quand?	*when is it for?*
vous voulez faire une réservation?	*do you want to make a booking?*
je peux payer par chèque?	*can I pay by cheque?*

Ecoutez le dialogue:

VALÉRIE LEMOINE: Bonjour.
AGENT DE VOYAGES: Bonjour, mademoiselle. Je peux vous aider?
VALÉRIE LEMOINE: Je vais passer quelques jours chez des amis en Angleterre. Je voudrais un billet.
AGENT DE VOYAGES: Vous prenez l'avion ou le bateau?
VALÉRIE LEMOINE: Oh je prends toujours le bateau. Je veux faire la traversée Cherbourg–Portsmouth.
AGENT DE VOYAGES: D'accord. C'est pour quand?
VALÉRIE LEMOINE: Du 27 février au 2 mars.
AGENT DE VOYAGES: Vous voulez faire une réservation tout de suite?
VALÉRIE LEMOINE: Oui, s'il vous plaît. Je peux payer par chèque?
AGENT DE VOYAGES: Bien sûr.

A NOTER   *chez des amis* 'with (some) friends': *chez* literally means 'at (or to) the house of', but it is also very frequently used with the names of shopkeepers: *je vais chez le boulanger* 'I'm going to the baker's', *elle est chez le boucher* 'she's at the butcher's'.

EXERCICE 4.1

le bateau

l'avion

le train

le bus

le taxi

le car

Listen to the recording and answer the questions according to the whispered prompts.

Modèle   Ecoutez: Vous prenez l'avion? *(le bateau)*
Répondez: Non, je prends le bateau.

1 Vous prenez l'avion? *(le bateau)*

2 Ils prennent le train? *(l'avion)*

3 Nous prenons un taxi? *(le bus)*

4 Elle prend l'autocar? *(le train)*

5 Tu prends le bus? *(un taxi)*

GRAMMAIRE

vouloir – to wish, to want

je veux	*I wish, want*	nous voulons	*we wish, want*
tu veux	*you wish, want*	vous voulez	*you wish, want*
il veut	*he wishes, wants*	ils veulent	*they wish, want*
elle veut	*she wishes, wants*	elles veulent	*they wish, want*

The verb *vouloir* is often followed by an infinitive in order to say what you want to do: *vous voulez faire une réservation?* 'do you want to book?', *je veux prendre le train* 'I want to go by train'.

Remember that *ne* and *pas* go around the *vouloir* part of the expression: *je ne veux pas prendre le train* 'I don't want to go by train'.

EXERCICE 4.2

Listen to the recording and fill in the gaps in the following sentences with the appropriate form of the verb *vouloir*.

1 Les amis de Paul ……… visiter l'Angleterre en mai.

2 Elle ……… passer une commande aujourd'hui?

3 Nous ……… aller à Paris pour le Salon du prêt-à-porter.

4 Je ne ……… pas arriver en retard.

5 Mark Taylor ……… déjeuner à la cantine.

6 Vous ……… téléphoner à la société Bernard?

EXERCICE 4.3

Listen to the recording and answer the questions according to the prompts.

Modèle   Ecoutez: Vous voulez commencer lundi, je pense. *(mardi)*
              Répondez: Non, je ne veux pas commencer lundi, je veux commencer mardi.

1 Vous voulez commencer lundi, je pense. *(mardi)*

2 Il veut commander un ordinateur, n'est-ce pas? *(photocopieuse)*

3 Jacqueline et vous voulez visiter le Salon de l'auto, n'est-ce pas? *(Salon du textile)*

4 Alors, vous voulez prendre le train? *(l'avion)*

5 Martine veut déjeuner au restaurant? *(à la cantine)*

EXERCICE 4.4

With your partner and using Dialogue 4 and the guidelines below, play the part of travel agent and customer.

You would like to spend a week in Spain at the home of some Spanish friends during June. You would like to fly because you don't like travelling by train. Your friends live near Madrid and you would prefer to travel by day if possible. You would like to make a booking straight away.

Some useful expressions:

en Espagne	*in Spain*
aimer le train	*to like travelling by train*
habiter près de Madrid	*to live near Madrid*

EXPANSION

EXERCICE 4.5

Your secretary has organised your next business trip for you. Listen to the details on the cassette and jot down what you hear in note form for your diary.

Here are a few new words which appear in the recording. If you cannot work out what they mean, look them up in the glossary at the back of the book.

le voyage   l'aéroport   le vol   heure locale   le métro

la gare   Noël   une douche   retourner

lundi **19 décembre**	mardi **20 décembre**

Avant de continuer

Before moving on to the next chapter, make sure that you can:

• say what you are going to do	*je vais visiter le salon international*
• say what you would like	*je voudrais un sandwich au jambon, s'il vous plaît*
	je vais prendre une tarte aux pommes
• say what you want to do	*je veux aller à Paris*
• place an order	*je voudrais passer une commande*
• work out what things cost	*cela fait 45 francs*
• say what you are able to do	*je peux venir demain*
• say what you prefer to do	*je préfère prendre le bateau*
• say what you need	*il me faut du papier*
• make a telephone call	*allô, je voudrais parler à M. Alix*
• give telephone numbers	*c'est le 46 12 29 33*

CHAPITRE CINQ

La visite de Madame Waziers

> **In this chapter you will practise:**
> • making formal introductions
> • giving a presentation
> • escorting a visitor
> • making a formal departure

DIALOGUE 1 *Enchanté*

Une cliente arrive pour visiter la société.

A customer arrives to visit the company.

🔲 Ecoutez et répétez:

un instant, s'il vous plaît	*one moment, please*
asseyez-vous, je vous en prie	*do please sit down*
permettez-moi de me présenter	*allow me to introduce myself*
enchanté de faire votre connaissance	*delighted to meet you*

🔲 Ecoutez le dialogue:

FRANÇOISE WAZIERS:	Bonjour, mademoiselle. Je suis Françoise Waziers. W-A-Z-I-E-R-S. J'ai rendez-vous avec Monsieur Maroger.
SOPHIE LAMBERT:	Bonjour, madame. Un instant, s'il vous plaît. Asseyez-vous, je vous en prie.
(au bureau de Paul Maroger)	
FRANÇOISE WAZIERS:	Bonjour, monsieur. Permettez-moi de me présenter. Françoise Waziers de la société Dumas.
PAUL MAROGER:	Paul Maroger, directeur commercial. Enchanté de faire votre connaissance.
FRANÇOISE WAZIERS:	Moi aussi, enchantée.

A NOTER *je vous en prie* is a polite way of inviting someone to do something: *asseyez-vous, je vous en prie* 'do please sit down'. It is also a way of saying 'please don't mention it': *merci beaucoup pour votre aide – je vous en prie.*

GRAMMAIRE *The French alphabet*

The French alphabet has exactly the same letters as the English alphabet but they are pronounced differently.

🔲 **EXERCICE 1.1**

Listen to the alphabet on the cassette, repeating each letter as you hear it.

Now listen to it again, but this time the letters are spoken in groups of three or four.

🔲 **EXERCICE 1.2**

You are getting a phone call about a group of potential customers who will visit your company next week. Write down the names which are spelt out to you, together with the jobs of the people concerned.

Note: double l, double m, etc. are said as *deux l, deux m*, etc.

M/Mme/Mlle	Nom	Fonction

EXERCICE 1.3

Listen to the recording and give the appropriate name in answer to the questions, spelling the surname.

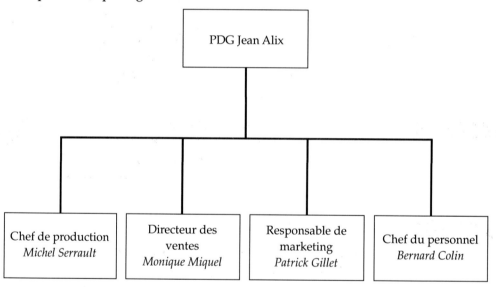

1 Vous êtes chef du personnel, n'est-ce pas? Bon, pour commencer, je voudrais votre nom, s'il vous plaît.
2 Et le nom de votre président-directeur général?
3 Et votre directeur des ventes s'appelle . . . ?
4 Qui est votre chef de production?
5 Merci. Encore une question: le nom de votre responsable de marketing?

EXERCICE 1.4

Introduce yourself at reception. Listen to the model response on the tape and then imitate it, using the information from each of the business cards below.

Modèle   Bonjour, mademoiselle. Je suis Michael Barratt, directeur financier de la société Equinox Designs.

Sunlite Ltd

Sarah Bryant
Head of Personnel

Mortimore Road Barnwell GL7 6PR
Tel: 0981 836241

A·G·R·I·L·A·C·T
Milsom Road Dunmow BL2 9TD
Tel: 0634 753928

Peter Evans
SALES DIRECTOR

HELEN DURANT
Head of Purchasing

Apollo Systems
Gresham Avenue
Southbourne
EL9 2GH
Tel: 0748 586289

CARTER ACOUSTICS

Carol Lister
Head of Public Relations

QUEENS DRIVE, MELTON, NM21 7RK Tel: 0636 743928

 EXERCICE 1.5

Say why you are here. Listen to the recording and answer the questions according to the model.

Heure	Visiteur	Pour voir
9.15	Michael Barratt	Jean Alix
10.30	Sarah Bryant	Michel Serrault
11.45	Peter Evans	Monique Miquel
15.30	Helen Durant	Patrick Gillet
17.15	Carol Lister	Jacques Bernard

Modèle Ecoutez: Bonjour, monsieur. Vous désirez?
            Répondez: Bonjour, mademoiselle. Je suis Michael Barratt. J'ai
            rendez-vous avec Jean Alix à 9 h 15.

1 Bonjour, monsieur. Vous désirez?

2 Bonjour, mademoiselle. Je peux vous aider?

3 Bonjour, monsieur. Vous avez rendez-vous?

4 Bonjour, madame. Je peux vous aider?

5 Bonjour, mademoiselle. Vous désirez?

EXERCICE 1.6

Role-playing. You are meeting someone for the first time in a company where
you hope to do business. With your partner and using the guidelines below,
play the roles of visitor and host.

Visitor   **Host**
Robert Barkham   Jean-Michel Saurel
Sales Director, Neptune Co.   Production Manager

say good morning and introduce yourself, say what your job is and the name of your company

say good morning, say who you are and that you are delighted to meet …

say you are delighted too and you have an appointment with Yves Perreau

say you are sorry but Mr Perreau is away on business, ask your visitor to sit down

say thank you

EXERCICE 1.7

Responding to formal introductions. On the cassette you will hear different
people introducing themselves to you. Make the appropriate response
according to the model and the prompts below.

Note: when responding to a formal introduction, a man may say *très heureux*,
but a woman says *très heureuse*.

Modèle Ecoutez: Jean-Pierre Melville, de la société Bernard.
                        (Michael Barratt, directeur financier)
            Répondez: Michael Barratt, directeur financier. Très heureux de
                        faire votre connaissance.

1 Jean-Pierre Melville, de la société Bernard. *(Michael Barratt, directeur financier)*

2 Marie-Christine Richard, de la société Delmas. *(Sarah Bryant, chef du personnel)*

3 André Lajoine, de la société Frigor. *(Peter Evans, directeur commercial)*

4 Isabelle Legrand, de la société Arborex. *(Helen Durant, chef des achats)*

5 Jean-Paul Savory, de la société Ignis. *(Carol Lister, chef des relations publiques)*

EXPANSION

Listen to Paul Maroger introducing his colleagues to Hélène Cau.

Ecoutez et répétez:

permettez-moi de vous présenter mes collègues	*allow me to introduce my colleagues*
nous nous connaissons	*we know each other*
nous pouvons commencer	*we can begin*

Ecoutez le dialogue:

PAUL MAROGER:	Permettez-moi de vous présenter mes collègues. D'abord, Patrick Gillet, notre directeur de marketing.
HÉLÈNE CAU:	Très heureuse de faire votre connaissance, monsieur.
PATRICK GILLET:	Moi aussi, madame, très heureux.
PAUL MAROGER:	Et voici Michel Serrault, notre chef de production.
MICHEL SERRAULT:	Enchanté, madame.
HÉLÈNE CAU:	Enchantée.
PAUL MAROGER:	Et Sophie Lambert, ma secrétaire.
HÉLÈNE CAU:	Ah, nous nous connaissons!
SOPHIE LAMBERT:	Oui, nous nous parlons au téléphone.
HÉLÈNE CAU:	Comment allez-vous, Sophie?
SOPHIE LAMBERT:	Très bien, merci. Et vous?
HÉLÈNE CAU:	Moi aussi, très bien.
PAUL MAROGER:	Bon, nous pouvons commencer, je crois.

EXERCICE 1.8

Which is the appropriate response? Match the corresponding phrases.

1 très heureux de faire votre connaissance	**a** très bien merci
	b nous nous parlons au téléphone
2 enchanté	
3 nous nous connaissons	**c** moi aussi, très bien
4 comment allez-vous?	**d** moi aussi, très heureux
5 et vous?	**e** enchanté

DIALOGUE 2 *Notre société et ses produits*

Paul Maroger fait une présentation de la société Jamalex.

Paul Maroger gives a presentation of the Jamalex company.

 Ecoutez et répétez:

une entreprise spécialisée dans les tricots	*a company specialising in knitwear*
26% vont à l'exportation	*26% go for export*
nous travaillons beaucoup avec l'Allemagne	*we work a lot with Germany*
nous sommes une compagnie très performante	*we are a very successful company*
nous employons 98 personnes	*we employ a staff of 98*
nos résultats sont excellents	*our results are excellent*
le chiffre d'affaires est de 20 millions de francs	*the turnover is 20 million francs*

 Ecoutez le dialogue:

PAUL MAROGER: Permettez-moi d'abord de parler un peu de notre société et de ses produits.

FRANÇOISE WAZIERS: Bien sûr.

PAUL MAROGER: La société Jamalex est une entreprise spécialisée dans les tricots. Nos bureaux sont ici, à Villeneuve, notre unité de production aussi. Nous employons 98 personnes. Cette année, nos résultats sont excellents: le chiffre d'affaires est de 20 millions de francs.

FRANÇOISE WAZIERS: Vous exportez?

PAUL MAROGER: Oui, 26% de notre production vont à l'exportation. Nous travaillons beaucoup avec l'Allemagne et la Grande-Bretagne. Nous sommes une compagnie très performante.

GRAMMAIRE *How to say 'our products', 'your company' etc*

The words for 'my', 'your', 'his', 'her' etc. are adjectives and, like all adjectives in French, they must agree with the noun they describe.

	singular		
masculine	feminine	plural	
mon	ma	mes	*my*
ton	ta	tes	*your*
son	sa	ses	*his, her, its*
notre	notre	nos	*our*
votre	votre	vos	*your*
leur	leur	leurs	*their*

e.g. mon dossier   mes dossiers
      ma brochure   mes brochures
      votre message   vos messages
      son produit   ses produits
      sa secrétaire   ses secrétaires

Note 1: it is impossible to tell out of context whether *son, sa* and *ses* mean 'his', 'her' or 'its': *ses produits* may mean 'his products', 'her products' or 'its products'.

Note 2: if a feminine singular noun begins with *a, e, i, o* or *u*, the forms *ma, ta* and *sa* are replaced by *mon, ton* and *son*: *mon adresse* 'my address'.

Remember: all of these adjectives agree with the thing possessed and not with the owner.

EXERCICE 2.1

Listen to the recording and fill in the gaps in the text below.

Voilà. Ici, c'est .... bureau, et vous avez un classeur pour tous .... documents. Sylvie est à côté, ... bureau est très grand, avec .... photocopieuse et tous .... dossiers, elle a besoin de place! Voici .... bureau. Il est petit, mais j'ai de la place pour .... ordinateur et .... imprimante. .... employés peuvent déjeuner à la cantine, mais beaucoup font .... courses à l'heure du déjeuner et ils mangent un sandwich avec .... amis dans .... café préféré.

EXERCICE 2.2

On the tape you will hear someone asking where various things are. Reply according to the model.

Modèle Ecoutez: Excusez-moi, mais où est le courrier de M. Maroger?
            Répondez: Son courrier? Désolé, je ne sais pas.

1 Excusez-moi, mais où est le courrier de M. Maroger?

2 Excusez-moi, mais où sont les dossiers de Valérie et Sophie?

3 Excusez-moi, mais où est ma disquette?

4 Excusez-moi, mais où est votre brochure?

5 Excusez-moi, mais où sont les photocopies de Sylvie Morand?

6 Excusez-moi, mais où sont vos fiches?

EXERCICE 2.3

Join the appropriate parts of each sentence together.

1 La société Delamare est spécialisée	**a** à Angoulême
2 Ses bureaux sont	**b** de 15 millions de francs
3 Elle emploie	**c** de sa production
4 Son chiffre d'affaires est	**d** 32 personnes
5 Elle exporte 18%	**e** dans le textile

 EXERCICE 2.4

Listen to the cassette and, from the fact sheet below, answer the questions for a survey in the pauses. Look up any words you don't know before you start.

Nom:	Société Comète
Adresse:	37 rue de la Libération, 57000 Metz
Produits:	3 types de bière (bière blonde, bière brune, bière sans alcool)
Unités de production:	2 (Metz et Nancy)
Nombre de salariés:	250
Chiffre d'affaires:	120 millions de francs
Exportation:	6%
Destinations:	Belgique, Grande-Bretagne

EXPANSION

EXERCICE 2.5

Using the information sheet on Comète, work out a description of the company. Use *son, sa, ses* as far as possible. Now listen to the tape and in the gaps practise what you have prepared.

DIALOGUE 3 *Si vous voulez bien me suivre*

Françoise Waziers et Paul Maroger visitent les ateliers.

Françoise Waziers and Paul Maroger visit the workshops.

Ecoutez et répétez:

est-ce que vous avez le temps de visiter nos ateliers?	*have you got time to visit our workshops?*
avec plaisir	*with pleasure*
si vous voulez bien me suivre	*if you would like to follow me*
passez, je vous en prie	*after you*
j'espère que c'est intéressant	*I hope it's interesting*
après vous	*after you*

Ecoutez le dialogue:

PAUL MAROGER: Est-ce que vous avez le temps de visiter nos ateliers?
FRANÇOISE WAZIERS: Oh oui, avec plaisir.
PAUL MAROGER: Je crois que le chef de production est là ce matin.
FRANÇOISE WAZIERS: Ah très bien.
PAUL MAROGER: Si vous voulez bien me suivre. Voilà l'ascenseur. Passez, je vous en prie.
FRANÇOISE WAZIERS: Merci.
PAUL MAROGER: J'espère que vous allez trouver votre visite intéressante.
(aux ateliers)
PAUL MAROGER: Voici nos ateliers. Après vous.
FRANÇOISE WAZIERS: Merci.

A NOTER   *espérer* 'to hope': *é* changes to *è* when the verb ends in *–e, –es* or *–ent: nous espérons* but *j'espère, ils espèrent.*

GRAMMAIRE　*Asking questions*

The easiest way of asking a question in French is simply to change the intonation of the phrase. Another, slightly more formal, way is to put *est-ce que* (literally 'is it that?') in front of the phrase: *vous travaillez* 'you're working', *est-ce que vous travaillez?* 'are you working?'. Don't forget that if the next word begins with *a, e, i, o* or *u*, *que* changes to *qu'*: *il est malade* 'he's ill', *est-ce qu'il est malade?* 'is he ill?'.

EXERCICE 3.1

Listen to the statements on the cassette and change them into questions using *est-ce que?*. Be careful about the intonation.

Modèle　Ecoutez:　Jean-Pierre va à Paris cette semaine. *(Orléans)*
　　　　　　Répondez:　Est-ce qu'il va aussi à Orléans?

1 Jean-Pierre va à Paris cette semaine. *(Orléans)*

2 Sophie commande des disquettes. *(du papier)*

3 Paul a un ordinateur. *(une imprimante)*

4 Bernard a rendez-vous avec Patrick Gillet mercredi. *(François Duval)*

5 Nos fournisseurs vont visiter les ateliers. *(le centre d'informatique)*

EXERCICE 3.2

You have arrived at a hotel to enquire about the conference facilities. Having been shown around, you still have a few questions to ask. Work out the questions using *est-ce que?* and then listen to the tape, repeating the questions in the gap for further intonation practice.

à demander	
-fax?	use *il y a*
-faire photocopies?	use *je peux*
- prendre café à 11h?	use *nous pouvons*
- commander taxi pour 17h?	use *vous pouvez*
- réserver pour le 15 février?	use *je peux*

GRAMMAIRE   *Using* que *('that') after* penser, trouver, supposer *etc.*

The French for 'that' after verbs of saying, thinking, etc. is *que*. It can never be left out, even though 'that' is often left out in English.

je pense que l'ascenseur arrive   *I think (that) the lift is coming*

vous trouvez que nos produits sont   *do you find (that) our products are*
   bons?   *good?*

je suppose que vous voulez   *I suppose you want to have lunch at the*
   déjeuner au restaurant?   *restaurant?*

EXERCICE 3.3

Give your opinion. Use this model to answer the questions on the cassette.

Modèle   Ecoutez: Vous pensez que la réunion est importante?
            Répondez: Oui, personnellement, je pense qu'elle est très importante.

1 Vous pensez que la réunion est importante?
2 Vous trouvez que le travail est difficile?
3 Vous croyez que le produit est bon?
4 Vous trouvez que le stage est intéressant?
5 Vous pensez que le rendez-vous va être long?

EXERCICE 3.4

Escorting a visitor. With your partner and using the guidelines below, play the roles of visitor and escort.

Visitor   **Host**

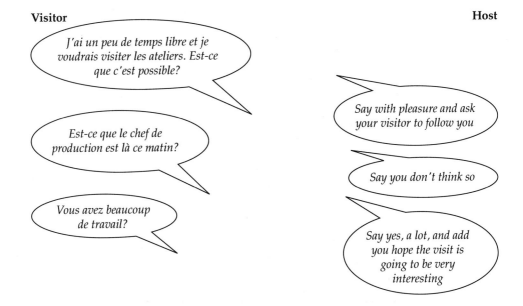

J'ai un peu de temps libre et je voudrais visiter les ateliers. Est-ce que c'est possible?

Say with pleasure and ask your visitor to follow you

Est-ce que le chef de production est là ce matin?

Say you don't think so

Vous avez beaucoup de travail?

Say yes, a lot, and add you hope the visit is going to be very interesting

EXPANSION

Ecoutez et répétez:

vous êtes pressé?	*are you in a hurry?*
je suis libre jusqu'à 16 h	*I'm free till 4 p.m.*
attention à la porte!	*mind the door*
permettez-moi de vous expliquer	*let me explain*

Ecoutez le dialogue:

PAUL MAROGER: Est-ce que vous avez le temps de visiter notre centre d'informatique?

FRANÇOISE WAZIERS: Oh oui, avec plaisir. Je crois que vous avez un programme très intéressant.

PAUL MAROGER: Vous êtes pressée?

FRANÇOISE WAZIERS: Non, je suis libre jusqu'à seize heures.

PAUL MAROGER: Parfait. Si vous voulez me suivre . . . C'est au rez-de-chaussée. Par ici. Je vais appeler l'ascenseur. Voilà. Passez, je vous en prie.

FRANÇOISE WAZIERS: Merci.

PAUL MAROGER: Voilà, c'est là. Après vous . . . Attention à la porte! Nous avons un nouveau projet très important et très urgent. C'est pour une société anglaise. Permettez-moi de vous expliquer: nous avons un client dans le Dorset qui . . .

EXERCICE 3.5

Listen to the tape and record your part of the conversation in the gaps provided.

– Excusez-moi, vous êtes pressé?
– *No, not at all, I'm free till 11 o'clock.*
– Est-ce que vous voulez visiter notre atelier?
– *With pleasure.*
– Nous avons une nouvelle machine très performante.
– *I think it's going to be very interesting.*
– Si vous voulez entrer.
– *After you.*
– Voilà. Nous sommes ici dans l'atelier numéro un.
– *It's very big.*
– Oui, il y a trente-deux employés.
– *Where is the machine?*
– Ici, à gauche.
– *How does it work?*
– Eh bien, permettez-moi de vous expliquer . . .

DIALOGUE 4 *Au revoir, merci*

Paul Maroger dit au revoir à son visiteur.

Paul Maroger says goodbye to his visitor.

Ecoutez et répétez:

qu'est-ce que vous pensez de votre visite?	*what do you think of your visit?*
vous pouvez rester à déjeuner?	*can you stay to lunch?*
je vous remercie de votre visite	*thank you for your visit*
je vous raccompagne à la sortie	*I'll show you out*

Ecoutez le dialogue:

PAUL MAROGER: Qu'est-ce que vous pensez de votre visite?

FRANÇOISE WAZIERS: Très intéressante.

PAUL MAROGER: C'est bien. Vous pouvez rester à déjeuner?

FRANÇOISE WAZIERS: Malheureusement non, j'ai un autre rendez-vous cet après-midi.

PAUL MAROGER: Eh bien, je vous remercie de votre visite.

FRANÇOISE WAZIERS: Merci de votre accueil.

PAUL MAROGER: Je vous en prie.

FRANÇOISE WAZIERS: Je vais téléphoner demain à notre agence pour confirmer les détails.

PAUL MAROGER: Parfait. Eh bien, je vous raccompagne à la sortie.

FRANÇOISE WAZIERS: Au revoir, et merci encore de votre aide.

PAUL MAROGER: Au revoir.

GRAMMAIRE *Asking 'what?'*

The French for 'what?' in sentences like 'what are we going to do?' is *qu'est-ce que?* (literally 'what is it that?').

| qu'est-ce que nous allons faire? | *what are we going to do?* |
| qu'est-ce qu'elle pense de sa visite? | *what does she think of her visit?* |

EXERCICE 4.1

On the cassette you will hear a number of questions using *qu'est-ce que?*
Answer them according to the whispered prompts.

Modèle   Ecoutez: Qu'est-ce que vous allez prendre? *(un sandwich au jambon)*
Répondez: Je vais prendre un sandwich au jambon.

1 Qu'est-ce que vous allez prendre? *(un sandwich au jambon)*

2 Qu'est-ce que nous allons faire demain? *(visiter un appartement)*

2 Qu'est-ce qu'il veut? *(faire des courses)*

4 Qu'est-ce qu'elles préfèrent? *(passer le weekend à Paris)*

5 Qu'est-ce que tu vérifies? *(ma liste)*

EXERCICE 4.2

Practising asking questions with *qu'est-ce que?* Listen to the tape and, using the whispered prompts, ask a question beginning with *qu'est-ce que?*

Modèle   Ecoutez: Valérie va faire ses courses. *(Et Sylvie?)*
Répondez: Et Sylvie, qu'est-ce qu'elle va faire?

1 Valérie va faire ses courses. *(Et Sylvie?)*

2 Louise va louer un grand studio. *(Et vous?)*

3 Robert préfère déjeuner à la cantine. *(Et Simon?)*

4 Sophie apporte le courrier. *(Et Jacqueline?)*

5 François va prendre deux baguettes. *(Et Olivier?)*

6 Marie et Hélène veulent des sandwiches au jambon. *(Et les secrétaires?)*

EXERCICE 4.3

Using *est-ce que?* and *qu'est-ce que?* ask questions about the company below.

Société ACM	
Existe depuis 1979	use *depuis longtemps*
Fabrique des emballages en plastique	
Emploie 400 personnes	use *beaucoup de . . .*
Exporte des emballages pour disquettes	
A beaucoup d'ateliers dans le sud de l'Angleterre	
Beaucoup de nouveaux projets	
Excellent chiffre d'affaires	use *satisfait de . . .*

Now listen to the tape and repeat each question in the pause.

EXERCICE 4.4

Practising verbs. In the sentences below, change the infinitive in brackets into the appropriate form of the verb.

1 Moi, je *(trouver)* que votre productivité *(être)* excellente.

2 Elles ne *(passer)* pas le weekend à Biarritz.

3 Il *(avoir)* rendez-vous à 14 heures, donc il ne *(rester)* pas à déjeuner.

4 Françoise Waziers et Paul Maroger *(visiter)* nos ateliers aujourd'hui.

5 Sophie et moi *(penser)* que les secrétaires *(travailler)* très bien.

EXERCICE 4.5

Match the responses in the following:

1 Qu'est-ce que vous pensez de votre journée?	a Oui, avec plaisir.
2 Vous êtes pressé?	b Et moi, je vous remercie de votre aide.
3 Vous pouvez rester à déjeuner?	c Très intéressante.
4 Eh bien, je vous remercie de votre visite.	d Merci beaucoup.
5 Je vous raccompagne	e Non, pas très.

Now listen to the completed pairs.

EXPANSION

Ecoutez et répétez:

vous pouvez rester à déjeuner, j'espère?	*you can stay to lunch, I hope?*
la prochaine fois peut-être	*next time perhaps*
je vous remercie beaucoup	*thank you very much*
je suis tout à fait d'accord	*I entirely agree*
à bientôt, j'espère	*see you soon, I hope*

Ecoutez le dialogue:

PAUL MAROGER: Qu'est-ce que vous pensez de votre visite?

FRANÇOISE WAZIERS: Très intéressante. J'ai maintenant une excellente idée de votre équipement et de votre production.

PAUL MAROGER: Vous pouvez rester à déjeuner, j'espère?

FRANÇOISE WAZIERS: Merci, non. Malheureusement, j'ai un autre rendez-vous cet après-midi. La prochaine fois peut-être.

PAUL MAROGER: Bien sûr. Eh bien, je vous remercie beaucoup de
                     votre visite.
FRANÇOISE WAZIERS: Merci de votre accueil – une journée très agréable,
                     et profitable aussi.
PAUL MAROGER: Je suis tout à fait d'accord. Je vous raccompagne.
FRANÇOISE WAZIERS: Au revoir, et merci encore de votre aide.
PAUL MAROGER: Je vous en prie. Au revoir, et à bientôt, j'espère.

EXERCICE 4.6

Practising formal departures. With a partner and using the guidelines
below, practise saying goodbye at the end of a business meeting.

> *say that you are sorry but you have an appointment at 2 o'clock*

> *say very interesting, you now have an excellent idea of your host's products*

> *say you have too and ask what your visitor thinks of the meeting*

> *say unfortunately not, but next time perhaps*

> *say you think your visitor hasn't time to stay for lunch*

> *say thank you and you entirely agree*

> *say thank you for a very useful meeting*

> *say goodbye and thank you again*

> *say you'll see him/her out*

Avant de continuer

Before moving on to the next chapter, make sure that you can:

• say who you have an appointment with and at what time	*j'ai rendez-vous avec Mme Langlois à 11 h*
• introduce yourself formally	*permettez-moi de me présenter*
• respond to formal introductions	*très heureux, très heureuse, enchanté(e)*
• make a simple presentation of a company and its products	*nous sommes une compagnie très performante*
• say goodbye to a visitor	*je vous remercie de votre visite au revoir, et merci encore*
• ask questions using *est-ce que?*	*est-ce que vous exportez?*
• ask questions using *qu'est-ce que?*	*qu'est-ce que vous voulez faire?*
• spell your name using the French alphabet	
• escort a visitor	*si vous voulez me suivre c'est par ici*
• say what you think	*je pense que . . . vous trouvez que . . . ?*

Au revoir, à demain

DIALOGUE 1 *Je vais au cinéma ce soir*

Sophie Lambert et Sylvie Morand parlent de leurs projets.

Sophie Lambert and Sylvie Morand talk about their plans.

Ecoutez et répétez:

que faites-vous ce soir?	*what are you doing this evening?*
je ne sais pas	*I don't know*
oui, je veux bien	*yes, I'd like to*
on va dîner au restaurant?	*shall we eat out?*

Ecoutez le dialogue:

SOPHIE LAMBERT: Que faites-vous ce soir, Sylvie?
SYLVIE MORAND: Je ne sais pas encore. Je vais peut-être rester à la maison.
SOPHIE LAMBERT: Moi, je vais au cinéma.
SYLVIE MORAND: Il y a un bon film?
SOPHIE LAMBERT: Oui, le nouveau Philippe Noiret.
SYLVIE MORAND: Le nouveau Noiret?
SOPHIE LAMBERT: Mais si, vous savez . . . la comédie. Vous voulez venir avec moi?
SYLVIE MORAND: Oui, je veux bien. On va dîner au restaurant après?
SOPHIE LAMBERT: Excellente idée.

A NOTER

je veux bien 'I'd like to': the precise meaning depends on the intonation used. It can express enthusiastic agreement, as in the dialogue, or it can express a rather reluctant acceptance, in which case it is closer to 'I don't mind'.

GRAMMAIRE

Using que? *'what?'* instead of qu'est-ce que?

Que? means exactly the same as *qu'est-ce que?*. The only difference is that after *que?* you have to reverse the order of the subject pronoun and the verb.

qu'est-ce que vous faites?	*what are you doing?*
que faites-vous?	*what are you doing?*

EXERCICE 1.1

Transform the following sentences using *que?*

1 Qu'est-ce que vous pensez de la réunion?

2 Qu'est-ce que nous allons faire ce soir?

3 Qu'est-ce que vous mettez sur la table?

4 Qu'est-ce qu'ils préfèrent?

5 Qu'est-ce qu'elles prennent?

EXERCICE 1.2

Put *que* or *qu'est-ce que* as appropriate in the gaps in the questions below, depending on the word order.

1 .... fait-il ce weekend?

2 .... vous voulez manger?

3 .... elle va penser de notre travail?

4 .... prenons-nous comme dessert?

5 .... ils aiment faire le soir?

GRAMMAIRE   savoir *'to know'*

je sais	*I know*	nous savons	*we know*
tu sais	*you know*	vous savez	*you know*
il sait	*he knows*	ils savent	*they know*
elle sait	*she knows*	elles savent	*they know*

Note: the verb *savoir* is only used of knowing something such as a fact. It is not used of knowing a person.

je sais que le directeur est à Paris cette semaine	*I know (that) the director is in Paris this week*
vous savez la date de la réunion?	*do you know the date of the meeting?*

EXERCICE 1.3

Listen to the tape and fill in the gaps in the sentences below with the appropriate form of *savoir*.

1 Est-ce que vous .... où ils sont?

2 Il ne .... pas que le directeur est là.

3 Ils .... bien que la présentation de février est très importante.

4 Nous .... que M. Gillet est en déplacement mais nous ne .... pas où il est exactement.

5 Oui, je .... que c'est très difficile.

EXERCICE 1.4

On the cassette you will hear someone asking what various people are doing. Answer the questions using the pictures below.

Modèle   Ecoutez: Qu'est-ce que Sophie va faire ce soir?
Répondez: Je pense qu'elle va regarder la télévision.

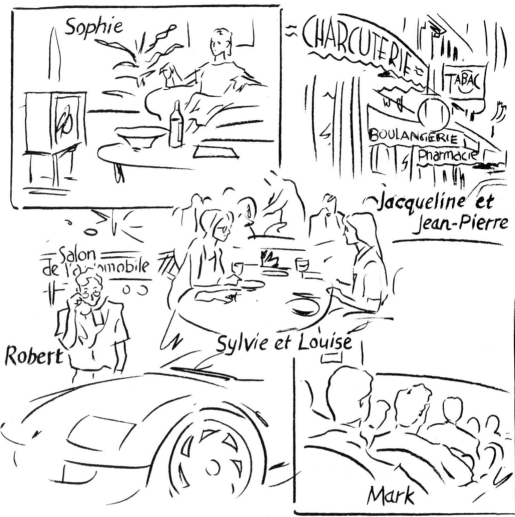

1 Qu'est-ce que Sophie va faire ce soir?

2 Ah bon? Et Mark, qu'est-ce qu'il va faire?

3 Vraiment? Et Sylvie et Louise? Elles restent à la maison?

4 Ah! Et Jacqueline et Jean-Pierre alors? Que vont-ils faire ce soir?

5 Tiens! Et Robert? Il ne va pas voir un film?

EXPANSION

Ecoutez et répétez:

je n'aime pas tellement la télévision	*I don't much care for television*
parce que c'est ennuyeux	*because it's boring*
mais si, vous savez	*yes, you know*
pourquoi pas?	*why not?*

Ecoutez le dialogue:

SOPHIE LAMBERT: Que faites-vous ce soir, Sylvie?
SYLVIE MORAND: Je ne sais pas. Je vais peut-être rester à la maison. Je crois qu'il y a un programme intéressant à la télévision.
SOPHIE LAMBERT: Moi, je n'aime pas tellement la télévision.
SYLVIE MORAND: Ah bon? Pourquoi?
SOPHIE LAMBERT: Parce que je trouve que c'est ennuyeux. Je préfère aller au cinéma.
SYLVIE MORAND: Il y a un bon film en ce moment?
SOPHIE LAMBERT: Oui, le nouveau Philippe Noiret.
SYLVIE MORAND: Le nouveau Noiret?
SOPHIE LAMBERT: Mais si, vous savez . . . la comédie. Vous voulez venir avec moi?
SYLVIE MORAND: Oui, je veux bien. Et puis on peut aller dîner au restaurant après?
SOPHIE LAMBERT: Pourquoi pas? Excellente idée. Il y a un nouveau restaurant au coin de la rue Mozart.

EXERCICE 1.5

Saying what you like and don't like, and why.

vous aimez beaucoup	vous n'aimez pas beaucoup
regarder la télévision	aller au cinéma
dîner au restaurant	rester à la maison le samedi soir
le pain français	le pain anglais
prendre l'avion	prendre le train
Paris	Granville

Here are some words to help you. Look up any word you don't know in the glossary.

    intéressant   agréable   bon   rapide   beau

    cher   ennuyeux   mauvais   lent   sale

Now, with your partner, practise saying what you like and what you don't like, asking each other why and giving a simple reason.

Modèle   – Je n'aime pas beacoup aller au cinéma.
       – Ah bon? Pourquoi?
       – Parce que je trouve que c'est cher.

DIALOGUE 2 *Je peux vous emmener?*

Mark Taylor propose à Sylvie et Sophie de les déposer.

Mark Taylor offers a lift to Sylvie and Sophie.

 Ecoutez et répétez:

quelle heure est-il?	*what time is it?*
il est six heures	*it's six o'clock*
vous êtes pressé?	*are you in a hurry?*
je peux vous emmener?	*can I give you a lift?*
c'est à cinq minutes à pied	*it's five minutes on foot*
on s'en va	*we're going*

 Ecoutez le dialogue:

SOPHIE LAMBERT: Quelle heure est-il?
MARK TAYLOR: Il est six heures.
SOPHIE LAMBERT: Six heures? Déjà? Sylvie, vous êtes prête? On s'en va!
MARK TAYLOR: Tiens! Vous êtes pressées?
SOPHIE LAMBERT: Oui, nous allons au cinéma ce soir.
MARK TAYLOR: Je peux vous emmener? J'ai ma voiture.
SOPHIE LAMBERT: Oh non, c'est à cinq minutes à pied, merci.
MARK TAYLOR: Il n'y a pas de quoi. Au revoir, alors.
SOPHIE LAMBERT: Au revoir, Mark.
SYLVIE MORAND: Salut!

A NOTER

il n'y a pas de quoi 'that's all right': this is a less formal response than *je vous en prie* when someone thanks you.

salut! is an informal way of greeting someone or saying goodbye. It is equivalent to 'hi!' or 'bye'.

GRAMMAIRE

Telling the time

Although the 24-hour clock is normally used in business, it is still more usual in ordinary conversation to use the 12-hour clock.

il est six heures

il est six heures dix

il est six heures et quart

il est six heures et demie

il est sept heures moins vingt

il est sept heures moins le quart

il est midi

il est minuit

EXERCICE 2.1

With your partner, ask each other what time it is.

Modèle   – Quelle heure est-il?
             – Il est deux heures et quart.

EXERCICE 2.2

On the cassette you will hear people asking you what time it is. In your reply increase the proposed time by ten minutes.

Modèle Ecoutez: Il est six heures et demie?
Répondez: Non, il est sept heures moins vingt.

1 Il est six heures et demie?

2 Il est trois heures et quart?

3 Il est dix heures moins le quart?

4 Il est midi?

5 Il est deux heures vingt?

 EXERCICE 2.3

On the tape you will hear people enquiring about times. In your reply use either the 12-hour clock or the 24-hour clock as appropriate.

Modèle Ecoutez: A quelle heure est le vol pour Paris, s'il vous plaît?
Répondez: A treize heures quarante-cinq, madame.

1 A quelle heure est le vol pour Paris?

2 A quelle heure est l'apéritif?

3 A quelle heure est la réunion?

4 A quelle heure est le film?

5 A quelle heure est le train pour La Rochelle?

 EXERCICE 2.4

Talking about how far away things are. On the cassette you will hear someone asking about distances. Using the prompts, answer the questions according to the model.

Here are some expressions to help you.

à pied   en voiture   par le train   par avion   en autobus

Modèle   Ecoutez: C'est loin, la poste? *(10 minutes on foot)*
         Répondez: C'est à dix minutes à pied.

1 C'est loin, la poste? *(10 minutes on foot)*

2 Et le cinéma, c'est loin? *(15 minutes by bus)*

3 C'est loin, Cognac? *(one hour by train)*

4 Nancy, c'est loin, n'est-ce pas? *(two hours by air)*

5 C'est loin, la banque? *(five minutes by car)*

EXERCICE 2.5

Link up the following sentences.

1	Quelle heure est-il?	**a**	Non merci.
2	On s'en va?	**b**	Salut!
3	Vous êtes pressé?	**c**	Non, dix minutes à pied.
4	Je peux vous emmener?	**d**	Il est 18 h 30.
5	C'est loin?	**e**	Tout de suite.
6	Vous êtes très aimable.	**f**	Pas vraiment.
7	Au revoir	**g**	Oh, il n'y a pas de quoi.

EXPANSION

Ecoutez et répétez:

je fais le reste demain	*I'll do the rest tomorrow*
ce n'est pas la peine	*it isn't worth it*
à demain	*see you tomorrow*
bonne soirée	*have a nice evening*

Ecoutez le dialogue:

SOPHIE LAMBERT: Quelle heure est-il? Ma montre ne marche pas.

MARK TAYLOR: Il est six heures.

SOPHIE LAMBERT: Six heures? Déjà? Bon, je fais le reste demain. Sylvie, vous êtes prête? On s'en va!

MARK TAYLOR: Tiens! Vous êtes pressées? Que faites-vous ce soir?

SOPHIE LAMBERT: On va au cinéma.

MARK TAYLOR: Je peux vous emmener, si vous voulez. J'ai ma voiture.

SOPHIE LAMBERT: Oh non, merci, ce n'est pas la peine. C'est à cinq minutes à pied.

MARK TAYLOR: Il n'y a pas de quoi. Au revoir, alors. A demain.

SOPHIE LAMBERT: Au revoir, Mark.

SYLVIE MORAND: Salut, Mark! Bonne soirée.

A NOTER

on arrival	bonjour	bonjour	bonjour/bonsoir
on leaving	au revoir	au revoir	bonsoir/au revoir

EXERCICE 2.6

You are leaving work at the end of the day. With your partner, work out and practise the following dialogue.

say you haven't got your watch, ask what time it is

express surprise, say you're late

say it's 6.15

say yes, you're having dinner with a friend at a new restaurant

ask if your partner is in a hurry

say your car is in the carpark and ask if you can give him/her a lift

say no, but thank you, your flat is only 5 minutes away on foot

say you too, goodbye, see you tomorrow

say goodbye then and have a good evening

DIALOGUE 3 *Qu'est-ce que vous prenez?*

Sylvie et Sophie prennent un apéritif.

Sylvie and Sophie have an aperitif.

Ecoutez et répétez:

on prend un apéritif?	*shall we have a drink?*
qu'est-ce que vous prenez?	*what will you have?*
qu'est-ce que c'est?	*what is it?*
j'adore ça	*I love it*
s'il vous plaît, monsieur	*waiter!*

Ecoutez le dialogue:

SOPHIE LAMBERT: On prend un apéritif?

SYLVIE MORAND: Oui, je veux bien.

SOPHIE LAMBERT: Alors, qu'est-ce que vous prenez?

SYLVIE MORAND: Je pense que je vais prendre un pineau blanc.

SOPHIE LAMBERT: Un pineau? Qu'est-ce que c'est?

SYLVIE MORAND: Oh c'est très bon. J'adore ça. C'est fait avec du vin et du cognac. Il y a le pineau blanc et le pineau rouge.

SOPHIE LAMBERT: Bon, moi aussi, je prends un pineau. S'il vous plaît, monsieur . . . Deux pineaux blancs, s'il vous plaît.

EXERCICE 3.1

Listen to the cassette and identify what each person orders.

Jacqueline ....

Frank ....

Francine ....

Roger ....

Hervé ....

EXERCICE 3.2

Choosing what you will have to drink. On the tape you will hear someone asking you what various people will have. Using the whispered prompts, reply according to the model.

Modèle   Ecoutez: Qu'est-ce que vous prenez? *(un porto)*
             Répondez: Moi? Je vais prendre un porto.

1 Qu'est-ce que vous prenez? *(un porto)*

2 Et Jacqueline? *(un pineau)*

3 Bien. Et vos deux collègues? *(du whisky)*

4 Alors, deux whiskys, d'accord. Et Michel, il prend un whisky aussi? *(une bière)*

5 Une bière? Très bien. Et Louise? Elle n'aime pas la bière, je crois. *(un jus d'orange)*

GRAMMAIRE

How to say 'him', 'her', 'it', 'them'

It is often necessary or more convenient to replace a noun with its appropriate pronoun: 'Do you know **Richard**?' 'Yes, I know **him** well'.

In French the corresponding pronouns are:

le	*him, it*
la	*her, it*
les	*them*

Note 1: a masculine singular noun, whether a person or a thing, is replaced by *le*, a feminine singular noun is replaced by *la*, and a plural noun is replaced by *les*.

Note 2: the pronoun usually comes immediately before the verb: *je prends les documents* 'I'm taking **the documents**', *je les prends* 'I'm taking **them**'. Even in negative sentences, the pronoun still retains its place immediately before the verb: *Je ne les prends pas avec moi* 'I'm not taking **them** with me'.

Note 3: a pronoun can also be the object of a verb in the infinitive and comes immediately in front of it: *je veux les prendre* 'I want to take **them**'.

Remember that if *le* or *la* comes immediately before *a, e, i, o* or *u*, it changes to *l'*: *je l'aime beaucoup*.

EXERCICE 3.3

In the following sentences, replace the noun in bold with the appropriate pronoun.

1 Elle apporte **le courrier**.

2 Je vérifie **la liste**.

3 Il préfère **l'Hôtel de la Paix**.

4 Je vais aider **les secrétaires**.

5 Vous aidez **Robert et Jean-Pierre?**

6 Nous mettons **les dossiers** sur la table.

EXERCICE 3.4

Listen to the questions on the cassette, answering them according to the model.

Modèle   Ecoutez: Vous prenez les brochures pour M. Bernard?
             Répondez: Oui, je les prends.

1 Vous prenez les brochures pour M. Bernard?

2 Vous photocopiez le dossier tout de suite?

3 Vous confirmez le rendez-vous, n'est-ce pas?

4 Vous raccompagnez les clients à la voiture?

5 Vous donnez votre adresse à la réceptionniste?

EXERCICE 3.5

This time answer also in the negative. Listen to the model.

Modèle   Ecoutez: Je mets les brochures dans le placard? *(sur le bureau)*
             Répondez: Non, vous ne les mettez pas dans le placard, vous les
                        mettez sur le bureau.

1 Je mets les brochures dans le placard? *(sur le bureau)*

2 Vous prenez le papier pour l'ordinateur? *(pour la photocopieuse)*

3 Je photocopie les dossiers pour mercredi? *(lundi)*

4 Il dépose Sylvie au restaurant? *(au cinéma)*

5 Vous commandez l'ordinateur pour Jacqueline? *(pour Sylvie)*

EXERCICE 3.6

Listen to the questions on the cassette and answer them according to the model.

Modèle   Ecoutez: Vous pouvez aider les stagiaires demain?
             Répondez: Oui, je peux les aider demain.

1 Vous pouvez aider les stagiaires demain?

2 Vous allez passer la commande aujourd'hui?

3 Vous voulez prendre l'appartement tout de suite?

4 Vous allez mettre les disquettes dans le placard?

5 Vous voulez vérifier le planning?

EXPANSION

There are various ways of refusing politely. Listen carefully to the dialogue and in the boxes below indicate the order in which you hear the phrases.

Non, vraiment, je vous assure   ☐

Non, non, merci   ☐

Je n'aime pas beaucoup ça   ☐

Non merci, je ne crois pas   ☐

Je n'aime pas du tout ça.   ☐

EXERCICE 3.7

Now take part in the dialogue on the tape, answering the questions mildly at first, then more and more firmly.

– Vous voulez prendre quelque chose?

– ....

– Mais si, allez!

– ....

– Quelque chose sans alcool?

– ....

– Une bière, alors?

– ....

– Ou un apéritif?

– ....

DIALOGUE 4   *Je vais prendre une salade*

Sophie et Sylvie commandent un repas.

Sophie and Sylvie order a meal.

Ecoutez et répétez:

il y a beaucoup de monde	*there are a lot of people here*
ce soir	*this evening*
qu'est-ce qu'on mange?	*what shall we have to eat?*

Ecoutez le dialogue:

SOPHIE LAMBERT: Il est très bon, ce pineau.

SYLVIE MORAND: N'est-ce pas?

SOPHIE LAMBERT: Il y a beaucoup de monde ce soir . . . Bon, j'ai faim. Qu'est-ce qu'on mange?

SYLVIE MORAND: Comme hors d'œuvre je vais prendre une salade de printemps. Et vous, qu'est-ce que vous prenez pour commencer?

SOPHIE LAMBERT: Moi, je vais prendre un melon.

SYLVIE MORAND: Et après, je pense que je vais prendre un chateaubriand.

SOPHIE LAMBERT: C'est combien, le chateaubriand?

SYLVIE MORAND: Cent vingt francs.

SOPHIE LAMBERT: Oh non, c'est trop cher. Je vais prendre un poulet chasseur. Bon, je commande. Mademoiselle, s'il vous plaît . . . Alors, comme hors d'œuvre, une salade de printemps pour madame et un melon pour moi. Puis . . .

A NOTER *n'est-ce pas?*: this is frequently used to express agreement with what has just been said. In this dialogue, it is equivalent to 'yes, it is, isn't it?'.

EXERCICE 4.1

Deciding what to have in a restaurant. On the tape you will hear someone asking you what you are going to have. Using the menu below, answer the questions according to the model.

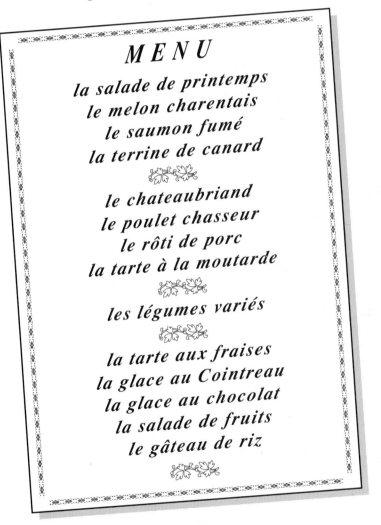

> *MENU*
> la salade de printemps
> le melon charentais
> le saumon fumé
> la terrine de canard
>
> le chateaubriand
> le poulet chasseur
> le rôti de porc
> la tarte à la moutarde
>
> les légumes variés
>
> la tarte aux fraises
> la glace au Cointreau
> la glace au chocolat
> la salade de fruits
> le gâteau de riz

Modèle Ecoutez: Qu'est-ce que vous prenez comme hors d'œuvre?
             Répondez: Comme hors d'œuvre, je pense que je vais prendre une salade de printemps.

1 Eh bien, qu'est-ce que vous prenez comme hors d'œuvre?

2 Et après, comme plat principal?

3 Vous prenez un dessert?

EXERCICE 4.2

Now place your order.

Attract the waiter's attention.

Say you'd like to order:

Starters: for your lady guest, the melon
for her husband, the smoked salmon
for yourself, the terrine

And then: for your lady guest, the chicken
for her husband, the pork
for yourself, the steak

Add that you would like some Beaujolais and some mineral water.

Now listen to the tape and compare your version.

GRAMMAIRE   *Saying 'how much?', 'too much', 'a lot' etc*

When talking generally about quantity there are several useful expressions you can use.

beaucoup	*a lot, much, many*
combien?	*how much?, how many?*
trop	*too much, too many*
assez	*enough*

When used with a noun, all of these adverbs put *de* immediately before the noun.

beaucoup de temps	*a lot of time*
beaucoup d'entreprises	*many companies*
combien de temps?	*how much time?*
combien d'entreprises?	*how many companies?*
trop de temps	*too much time*
trop d'entreprises	*too many companies*
assez de temps	*enough time*
assez d'entreprises	*enough companies*

Note that with all of these expressions the pronoun *en* is often used to replace the noun: *vous avez assez de travail? oh oui, j'en ai trop* 'have you got enough work?' 'oh yes, I've got too much (of it)'.

EXERCICE 4.3

Listen to an employee complaining about her job and fill in the gaps in the text below.

Nous avons ………… problèmes en ce moment dans notre service. Nous avons

.... travail, et deux secrétaires sont malades. Nous n'avons .... pour tout faire. Nous avons .... documents à préparer, et ils sont .... compliqués. Nous avons .... clients à voir, et .... courrier à faire. Moi, je pense que nous ne sommes .... payés pour tout ce travail.

EXERCICE 4.4

Listen to the tape and answer the questions according to the model.

Modèle Ecoutez: Vous avez assez de travail?
Répondez: Oh oui, j'en ai beaucoup.

Ecoutez: Vous avez beaucoup de travail?
Répondez: Oh oui, j'en ai trop.

1 Vous avez beaucoup de travail?

2 Il a assez de commandes?

3 Elle a beaucoup de rendez-vous?

4 Vous avez assez de place dans le bureau?

5 Ils ont beaucoup de courrier?

6 Nous avons assez de papier pour cette semaine?

EXERCICE 4.5

You are eating out in a restaurant with a close friend. On the cassette you will hear your friend talking about what to order. Using the menu in Exercise 4.1 and the English guidelines below, join in the conversation in the gaps provided.

- Il y a beaucoup de clients ce soir.
- *Say yes, but it's Friday. It's normal.*
- Oui, c'est vrai. Bon, voilà le menu. Qu'est-ce que tu veux manger?
- *Say you don't know. Ask if your friend is hungry, say you're very hungry.*
- Oui, moi aussi. C'est difficile. Il y a un choix énorme. Alors, qu'est-ce que tu prends?
- *Say that as a starter you think you'll have the smoked salmon.*
- Ah, ça c'est très bon. Moi, je vais prendre la terrine. Et comme plat principal, qu'est-ce que tu vas prendre?
- *Say you don't like pork very much, you'll have the chicken. Ask what your friend is going to have.*
- Je ne sais pas ... Ah tiens, je vais prendre la tarte à la moutarde.
- *Say that's very nice. Say: what shall we have as dessert?*
- Comme dessert, je voudrais une glace au chocolat.
- *Say you would like a fruit salad and ask if you should order?*
- Oui, s'il te plaît.

EXPANSION

Ecoutez et répétez:

j'ai l'impression qu'il est plutôt raisonnable	*I get the impression that it's quite reasonable*
il est plus cher que le Parasol	*it's dearer than the Parasol*
le Parasol est moins cher	*the Parasol is less expensive*

Ecoutez le dialogue:

SOPHIE LAMBERT: Il est très bon, ce restaurant.

SYLVIE MORAND: Oui, mais il est cher.

SOPHIE LAMBERT: Ah bon? J'ai l'impression qu'il est plutôt raisonnable.

SYLVIE MORAND: Non, non. Il est plus cher que le petit restaurant de la rue Garibaldi.

SOPHIE LAMBERT: Ah oui, d'accord. Mais il est beaucoup moins cher que le Parasol.

SYLVIE MORAND: Le Parasol? Mais bien sûr! Le Parasol est probablement le restaurant le plus cher de la ville.

SOPHIE LAMBERT: Ah non, pas du tout! Le Saint-Pierre est certainement le plus cher. Et ton petit restaurant de la rue Garibaldi est probablement le moins cher, et en plus le moins confortable!

GRAMMAIRE

How to say 'more', 'less', 'the most', 'the least'

The word for 'more' in French is *plus* and the word for 'less' is *moins*:

plus important	*more important*
moins important	*less important*

The expression for 'the most' is *le plus, la plus* or *les plus*, depending on the noun it goes with:

le restaurant le plus cher	*the most expensive restaurant*
la réunion la plus importante	*the most important meeting*
les restaurants les plus chers	*the most expensive restaurants*

The expression for 'the least' is *le moins, la moins* or *les moins*, depending on the noun it goes with:

le restaurant le moins cher	*the least expensive restaurant*
la réunion la moins importante	*the least important meeting*
les restaurants les moins chers	*the least expensive restaurants*

Note that the word for 'than' is *que*:

il est plus cher que le Parasol	*it's dearer than the Parasol*

EXERCICE 4.6

Making comparisons. With your partner, compare the restaurants in the chart below by asking each other questions.

> Est-ce que le .... est grand?
> Est-ce que le .... est cher?
> Est-ce que le .... ouvre tôt?

Your answers can be according to the model:

> Le .... est plus cher que le ...., mais le .... est le plus cher.

Restaurant	🍴	📋 MENU	💵 CENT FRANCS	🕐
Le Campani	40	4	130F	11–23 h
Le Martray	25	3	110F	12–24 h
Le Thoiras	54	6	150F	12–22 h

EXERCICE 4.7

Listen to the tape and tick the questionnaire according to the answers you hear.

	médiocre	bon	excellent
Trouvez-vous le service:	☐	☐	☐
la cuisine:	☐	☐	☐
les vins:	☐	☐	☐
	assez varié	varié	très varié
le menu:	☐	☐	☐
	assez confortable	confortable	très confortable
la salle:	☐	☐	☐

Les heures d'ouverture sont-elles suffisantes? Oui ☐ Non ☐

Avez-vous des suggestions?

Avant de continuer

Before leaving this chapter, make sure that you can:

• talk about what you are planning to do	*je vais au cinéma ce soir* *vous voulez venir avec moi?* *je veux bien*
• say what you like and what you don't like	*j'aime beaucoup . . .* *je n'aime pas tellement . . .*
• tell the time using the 12-hour clock	*il est six heures et demie* *il est midi et quart*
• say goodbye to a friend	*au revoir* *bonne soirée* *à demain*
• ask what someone would like to drink and say what you would like	*qu'est-ce que vous prenez?* *moi, je prends . . .*
• choose from a menu	*comme hors d'œuvre, je pense que je vais prendre . . .* *et après je voudrais . . .*
• give your order	*une salade de printemps pour madame, et pour moi un melon*

Congratulations! You have completed this beginners' course in business French and are now ready to move on to **Hotel Europa**.

Bonne chance!

GLOSSARY

Noun genders are given: m = masculine, f = feminine.
Note: the translations given here are those which are the most appropriate in the context of the dialogues and exercises. In many cases, other meanings are possible.

à   to, at
absolument   absolutely
accueil (m)   welcome
achats (mpl)   buying, purchases
à côté de   beside
adorer   to adore, to love
adresse (f)   address
aéroport (m)   airport
âge (m)   age
agence (f)   agency
agréable   pleasant
aide (f)   help
aider   to help
aimable   pleasant, friendly
aimer   to love, to like
alcool (m)   alcohol
Allemagne (f)   Germany
aller   to go
allez!   go on!
allô   hello
alors   so, then
ami (m)   friend
amie (f)   friend
amusant   amusing
anglais   English
Angleterre (f)   England
annonce (f)   advertisement
année (f)   year
août (m)   August
apéritif (m)   aperitif
appartement (m)   flat
appeler   to call
appeler: je m'appelle   my name is
apporter   to bring
appuyer sur   to press
après   after
après-midi (m)   afternoon
argent (m)   money
arriver   to arrive
article (m)   article
ascenseur (m)   lift
asseoir: asseyez-vous   sit down
asseoir: s'asseoir   to sit down
assez   quite, fairly, enough
assistant (m)   assistant
assistante (f)   assistant
assurer   to assure
atelier (m)   workshop
attendre   to expect, to wait for
attention!   be careful!, watch out!
au-dessus de   above
aujourd'hui   today
au revoir   goodbye
aussi   also, too
autobus (m)   bus
autocar (m)   coach

automne (m)   autumn
autre   other
avant   before
avec   with
avion (m)   plane, aircraft
avoir   to have
avoir besoin de   to need
avoir chaud   to be hot
avoir faim   to be hungry
avoir froid   to be cold
avoir l'air   to look
avoir soif   to be thirsty
avril (m)   April

baguette (f)   baguette, French stick
banque (f)   bank
bateau (m)   boat
bâtiment (m)   building
beau   fine, beautiful
beaucoup   a lot, many
Belgique (f)   Belgium
bien   well
bien entendu   of course
bien sûr   of course
bientôt   soon
bienvenue (f)   welcome
bière blonde (f)   lager
bière brune (f)   (dark) beer
billet (m)   ticket
blanc   white
boîte (f)   box
bon   good
bonjour   hello, good morning
bonsoir   good evening, goodnight
boucher (m)   butcher
boulanger (m)   baker
bouton (m)   button
brochure (f)   brochure
bureau (m)   office, desk
bus (m)   bus

ça   it, this, that
cadre (m)   executive, manager
café (m)   coffee, café
cafétéria (f)   cafeteria
calendrier (m)   calendar
campagne (f)   campaign
cantine (f)   canteen
capacité (f)   capacity
carte (f)   card
ce   this
cela   that
célibataire   single
centre (m)   centre
certainement   certainly
cet   this, that

cette   this, that
chaise (f)   chair
chambre (f)   (bed)room
chargé   busy
chateaubriand (m)   chateaubriand, fillet
   steak
chaud   hot, warm
chef des achats (m)   head of buying
chèque (m)   cheque
cher   dear
chez   with, at, at the home of
chiffre d'affaires (m)   turnover
chocolat (m)   chocolate
chose (f)   thing
ci-dessous   below
cinéma (m)   cinema
cinq   five
citron (m)   lemon
classeur (m)   filing cabinet
client (m)   customer
cliente (f)   customer
cocktail (m)   cocktail party
cognac (m)   cognac, brandy
coin (m)   corner
collection (f)   collection
collègue (m)   colleague
combien?   how much?, how many?
comédie (f)   comedy
comité (m) d'entreprise   works
   committee
commande (f)   order
commander   to order
comme   as
commencer   to begin
comment   how
commerce (m)   trade, commerce,
   business
compagnie (f)   company
compliqué   complicated
composer le numéro   to dial the
   number, to key in the number
comprendre   to understand
compris   included
comptabilité (f)   accounting, accounts
comptable (m)   accountant
concernant   concerning
concurrence (f)   competition
confirmer   to confirm
confortable   comfortable
conférence (f)   conference
connaissance (f)   acquaintance,
   knowledge
connaître   to know (person)
copie (f)   copy
corbeille (f)   wastepaper basket
correct   adequate, acceptable

corridor (m)   *corridor*
côté (m)   *side*
courrier (m)   *post, mail*
courses (fpl): faire des –   *to do some shopping*
croire   *to think*
croissant (m)   *croissant*
cuisine (f)   *cooking, cuisine*

d'abord   *first (of all)*
d'accord   *OK*
d'habitude   *usually*
dans   *in*
date (f)   *date*
de   *of, from*
décembre (m)   *December*
décrire   *to describe*
déjà   *already*
déjeuner (m)   *lunch*
déjeuner   *to have lunch*
délicieux   *delicious*
délivré   *issued*
demain   *tomorrow*
demander   *to ask (for)*
demie (f)   *half*
déplacement (m): en –   *on a business trip, out of the office*
déposer   *to drop (somebody) off*
depuis   *for, since*
derrière   *behind*
désagréable   *unpleasant*
descendre   *to go down(stairs)*
désirer   *to want, to wish*
désolé   *(very) sorry*
dessert (m)   *dessert*
destination (f)   *destination*
détail (m)   *detail*
deux   *two*
deuxième   *second*
devant   *in front of*
dialogue (m)   *dialogue*
difficile   *difficult*
différent   *different*
dimanche (m)   *Sunday*
dîner   *to dine, to have dinner*
dire   *to say*
directeur (m)   *director*
directeur du marketing (m)   *marketing director*
directeur du personnel (m)   *personnel director*
dispositions (fpl)   *arrangements*
disquette (f)   *disk*
dix   *ten*
document (m)   *document*
donner   *to give*
dossier (m)   *file*
douche (f)   *shower*
doute (m)   *doubt*
droite (f)   *right*

eau minérale (f)   *(bottled) water*
écouter   *to listen*
électronique (f)   *electronics*
emballage (m)   *packing, packaging*
emmener   *to give (somebody) a lift*
employer   *to employ, to use*

employé (m)   *office worker, employee*
en   *in*
en bas   *downstairs*
en face   *opposite*
en haut   *upstairs*
en plus   *furthermore, what's more*
en retard   *late*
enchanté   *delighted, pleased to meet you*
encore   *still, yet, again*
enfant (mf)   *child*
enfin   *finally, at last*
ennuyeux   *boring*
ensuite   *next, afterwards*
entièrement   *entirely, fully*
entreprise (f)   *company*
entrer   *to enter*
enveloppe (f)   *envelope*
équipement (m)   *equipment*
équipé   *equipped*
escalier (m)   *stairs*
Espagne (f)   *Spain*
espagnol   *Spanish*
espérer   *to hope*
et   *and*
étage (m)   *floor, storey*
étagère (f)   *shelves*
été (m)   *summer*
être   *to be*
étudiant (m)   *student*
européen   *European*
exact   *right*
exactement   *exactly, precisely*
examiner   *to examine*
excellent   *excellent*
excuser: excusez-moi   *excuse me*
expliquer   *to explain*
export (m)   *export*
exportation (f)   *export*
exporter   *to export*
exposition (f)   *exhibition*
extraordinaire   *extraordinary*

fabrication (f)   *manufacturing*
fabriquer   *to manufacture*
facile   *easy*
faire   *to do, to make*
faut: il me –   *I need*
faut: il nous –   *we need*
fauteuil (m)   *armchair*
fax (m)   *fax (machine)*
fenêtre (f)   *window*
feutre (m)   *felt-tip pen*
février (m)   *February*
fiche (f)   *form*
film (m)   *film*
financier   *financial*
fois (f)   *time, occasion*
fond (m): au –   *at the end*
fournisseur (m)   *supplier*
fragile   *fragile*
franc (m)   *franc*
français   *French*
froid   *cold*
fromage (m)   *cheese*
fruit (m)   *fruit*
fumé   *smoked*

gare (f)   *station*
gâteau (m)   *cake*
gauche (f)   *left*
glace (f)   *ice cream*
glaçon (m)   *ice cube*
golf (m)   *golf*
grand   *big*
Grande-Bretagne (f)   *Great Britain*

habiter   *to live (at)*
heure (f)   *time, hour*
heureusement   *fortunately*
heureux   *happy, pleased*
hiver (m)   *winter*
hors d'œuvre (m)   *hors d'œuvre, starter*
huit   *eight*

ici   *here*
idéal   *ideal*
idée (f)   *idea*
il n'y a pas de quoi   *that's all right*
il y a   *there is/are*
implantation (f)   *market penetration*
important   *important*
impossible   *impossible*
impressionnant   *impressive*
imprimante (f)   *printer*
informations (fpl)   *information*
informatique (f)   *computing*
informer   *to inform*
ingénieur (m)   *engineer*
instant (m)   *instant, moment*
intéressant   *interesting*
international   *international*
italien   *Italian*

jambon (m)   *ham*
janvier (m)   *January*
jeudi (m)   *Thursday*
jour (m)   *day*
journal (m)   *newspaper*
journée (f)   *day*
juillet (m)   *July*
juin (m)   *June*
jus d'orange (m)   *orange juice*
jusqu'à   *until*
juste   *just*
justement   *exactly, precisely*

là   *there*
là-bas   *over there*
lampe (f)   *lamp*
légume (m)   *vegetable*
lent   *slow*
lettre (f)   *letter*
leur   *their*
leurs   *their*
libre   *free*
liste (f)   *list*
local   *local*
locaux (mpl)   *premises*
loin   *far*
long   *long*
longtemps   *a long time*
louer   *to let, to rent*
lundi (m)   *Monday*

ma   *my*
machine (f)   *machine*
mai (m)   *May*
maintenant   *now*
mais   *but*
maison (f)   *house, home*
malade   *ill*
malheureusement   *unfortunately*
manger   *to eat*
marcher   *(of machine) to work*
mardi (m)   *Tuesday*
marié   *married*
marketing (m)   *marketing*
mars (m)   *March*
matin (m)   *morning*
mauvais   *bad*
médiocre   *mediocre*
melon (m)   *melon*
membre (m)   *member*
menu (m)   *menu*
mer (f)   *sea*
merci   *thank you*
mercredi (m)   *Wednesday*
mes   *my*
message (m)   *message*
métro (m)   *underground, tube*
mettre   *to put*
midi (m)   *midday, twelve o'clock*
million (m)   *million*
minuit (m)   *midnight*
minute (f)   *minute*
mode (f)   *fashion*
modèle (m)   *model, design*
moi   *me*
moins   *less*
mois (m)   *month*
moment (m)   *moment*
mon   *my*
monde (m): beaucoup de –   *a lot of people*
monter   *to go up(stairs)*
montre (f)   *watch*
montrer   *to show*
mousse (f)   *mousse*
moutarde (f)   *mustard*
mur (m)   *wall*

naissance (f)   *birth*
national   *national*
nationalité (f)   *nationality*
nature   *(of e.g. whisky) straight*
naturellement   *of course, naturally*
nécessaire   *necessary*
neuf   *nine*
Noël (m)   *Christmas*
nom (m)   *name*
nombre (m)   *number*
non   *no*
normal   *normal, usual*
nos   *our*
notre   *our*
noté   *noted*
nouveau   *new*
novembre (m)   *November*
nuit (f)   *night*
numéro (m)   *number*

numéro d'immatriculation (m)   *car registration number*

octobre (m)   *October*
office du tourisme (m)   *tourism office*
ordinaire   *ordinary*
ordinateur (m)   *computer*
organiser   *to organise*
original (m)   *original*
où   *where*
ou   *or*
oui   *yes*
ouverture (f)   *opening*
ouvrier (m)   *worker*
ouvrir   *to open*

page (f)   *page*
papier (m)   *paper*
paquet (m)   *packet, parcel*
par   *by, per*
par ici   *this way*
par là   *that way*
parce que   *because*
pardon!   *pardon!, sorry!*
parfait   *perfect, excellent*
parking (m)   *car park*
parler   *to speak*
particulier: en –   *in particular, especially*
partir   *to leave, to set off*
pas du tout   *not at all*
passer   *to pass, (of time) to spend*
passer une commande   *to place an order*
pâté (m)   *pâté*
payer   *to pay*
penser   *to think*
performant   *successful, efficient*
permettre   *to allow, to permit*
personne (f)   *person*
personnel (m)   *personnel*
personnel   *personal*
personnellement   *personally*
petit   *small*
peu (m): un –   *a little*
peut-être   *perhaps*
pharmacie (f)   *chemist's (shop)*
photocopie (f)   *photocopy*
photocopier   *to photocopy*
photocopieuse (f)   *photocopier*
pied (m): à –   *on foot*
pizza (f)   *pizza*
placard (m)   *cupboard*
place (f)   *space, seat (in e.g. train), square (in town)*
placer   *to place*
plaisir (m)   *pleasure*
planning (m)   *schedule, programme*
plaque d'identité (f)   *identity tag*
plastique (m)   *plastic*
plat (m)   *dish, course*
plein   *full*
plupart (f)   *majority*
plus   *more*
plus loin   *further on*
port (m)   *port, harbour*
porte (f)   *door*
porto (m)   *port (wine)*

poser une question   *to ask a question*
positionner   *to position*
possible   *possible*
poste (f)   *post office*
poulet (m)   *chicken*
pour   *for*
pourquoi   *why*
pouvoir   *to be able, can*
préférence: de –   *preferably*
préférer   *to prefer*
premier   *first*
prendre   *to take, to have*
prénom (m)   *first name*
préparer   *to prepare*
près de   *near*
présentation (f)   *show, display, presentation*
présenter: se –   *to introduce oneself*
président-directeur général (m)   *managing director*
prêt   *ready*
prêt-à-porter (m)   *ready to wear*
principal   *main*
printemps (m)   *spring*
pris   *taken*
prix (m)   *price*
probablement   *probably*
problème (m)   *problem*
prochain   *next*
production (f)   *production*
productivité (f)   *productivity*
produit (m)   *product*
profession (f)   *profession*
professionnel   *professional*
profitable   *profitable, useful*
programme (m)   *program(me)*
projet (m)   *project, plan*
proposer   *to suggest, to offer*
propre   *own*
publicité (f)   *advertising, publicity*
puis   *then, next*

qu'est-ce que?   *what?*
qualité (f)   *quality*
quand   *when*
quantité (f)   *quantity*
quart (m)   *quarter*
quatre   *four*
que?   *what?*
quelque   *some*
quelque chose (m)   *something*
quiche (f)   *quiche*

raccompagner   *to see (somebody) out*
rapide   *quick*
réceptionniste (mf)   *receptionist*
référence (f)   *reference*
regarder   *to look (at)*
regretter   *to regret, to be sorry*
relations publiques (fpl)   *public relations*
remercier   *to thank*
remplir   *to fill (in)*
rendez-vous (m)   *appointment*
repas (m)   *meal*
répéter   *to repeat*
réservation (f)   *booking*
réserve de papier (f)   *spare paper*

réserver   to book
responsable (m)   person in charge
restaurant (m)   restaurant
reste (m)   rest
rester   to stay, to remain
résultat (m)   result
retourner   to return
réunion (f)   meeting
rez-de-chaussée (m)   ground floor
rien   nothing
riz (m)   rice
rôle (m)   role
rôti de porc (m)   roast pork
rouge   red
rouleau (m)   roll
rue (f)   street

sa   his, her, its
saison (f)   season
salade (f)   salad
salarié (m)   employee
sale   dirty
salle (f)   room
salon de l'automobile (m)   motor show
salon du prêt-à-porter (m)
    ready-to-wear show
salut!   hi!, bye!
samedi (m)   Saturday
sandwich (m)   sandwich
sans   without
sans doute   probably
satisfait   satisfied
saucisson (m)   salami-type sausage
saumon (m)   salmon
savoir   to know (fact, thing)
scotch (m)   clear adhesive tape
secrétaire (f)   secretary
selon   according to
semaine (f)   week
sembler   to seem
sept   seven
septembre (m)   September
service (m)   department, section, service
service des achats (m)   buying
    department
service financier (m)   finance
    department
services commerciaux (mpl)
    commercial departments
ses   his, her, its
si   if
si   yes (emphatic)

signal (m)   signal
s'il vous plaît   please
simple   simple, easy
simplement   simply, just
situé   situated
six   six
société (f)   company, firm
soir (m)   evening
soirée (f)   evening
son   his, her, its
sortie (f)   exit
sortir de   to go out of
sous   under
sous-traitant (m)   sub-contractor
spécialisé dans   specialising in
stage (m)   training course, industrial
    placement
stagiaire (m)   trainee
stand (m)   stand (at exhibition)
stratégie (f)   strategy
studio (m)   one-room flat, bedsit
stylo (m)   pen
sud (m)   south
suffisant   sufficient
suffit: ça –   that's enough
suggestion (f)   suggestion
suisse   Swiss
suivre   to follow
supposer   to suppose
sur   on
séminaire (m)   seminar

ta   your
table (f)   table
tarte (f) aux pommes   apple tart
taxi (m)   taxi
technique   technical
téléphone (m)   telephone
téléphoner   to telephone
télévision (f)   television
tellement: pas –   not very much
temps (m)   time, weather
terrine (f) de canard   duck pâté
tes   your
textile (m)   textile(s)
tiens!   really!
tiroir (m)   drawer
toilettes (fpl)   toilet(s)
ton   your
tôt   early
total (m)   total
toujours   always

tourner   to turn
tout (m)   everything
tout   all, every
tout de suite   straight away
tout droit   straight ahead
tout à fait   quite
tout à l'heure   presently, soon
train (m)   train
transmission (f)   transmission
travail (m)   work
travailler   to work
traversée (f)   crossing
très   very
tricots (mpl)   knitwear
trois   three
troisième   third
trop   too (much), too (many)
trop longtemps   too long
trouver   to find
type (m)   type

un   one
unité (f)   unit
urgent   urgent

varié   varied
véhicule (m)   vehicle
vendredi (m)   Friday
venir   to come
ventes (fpl)   sales
vérifier   to check, to verify
vert   green
ville (f)   town
vin (m)   wine
visite (f)   visit
visiter   to visit
vite   quickly
voici   here is/are, this is/these are
voilà   there is/are
voir   to see
voiture (f)   car
vol (m)   flight
vos   your
votre   your
vouloir   to wish, to want
voyage (m)   trip, journey
voyager   to travel
vrai   true
vraiment   really

weekend (m)   weekend
whisky (m)   whisky

y compris   including